一張 **JR PASS** 玩到底！

Aska 著

四國

深度休日提案

香川－愛媛－高知－德島　**暢銷最新版**

行程╳交通╳景點，最全面的自助攻略！

四國文化深度的慢活體驗！

　　這是一本充滿人文、美食、觀光及交通指南的日本四國行好書。

　　作者以德島、香川、愛媛、高知四縣為題，深入淺出的帶領讀者神遊四國，陶醉在筆者所親身經歷的旅途分享中。這純靜的四國美景，就如同筆者所述「神的國度」，是那樣的迷人與莊嚴，豐富與多采。在前往這美麗的朝聖之地前，讀過本書勢必將讓你快速成為四國通、日本通，為即將啟程的美好假期創造幸福甜美的每一刻。

　　我所認識的 Aska 從學生時期就是一位文青，總是那麼的文氣有才，不管是在文學上或是歷史傳記上均飽讀不倦，語言上的天份更是卓越名列。不同於一般旅遊叢書只著重在吃、喝、玩、樂，更多了些故事與人文的探索，增添的是份感性的美及文化深度的慢活體驗，但也因為學經背景是企管，更是將旅費、行程為讀者精打細算，以最經濟的盤纏能體驗到非傳統的精緻旅程，兼具理性與感性的帶領讀者在短、中、長假期裡均能暢遊四國，體驗跨時空之美。

　　如同宮崎駿畫下神隱少女的場景夢幻般，似虛似真的出現在這神的國度，說不盡的歷史故事、看不完的傳統祭典、擋不住的美食溫泉，都在筆者的文字中藉由真實的情感與分享投射出畫面，讓日本四國行能從書中轉化在與你所愛的人及生命之中。

十鼓擊樂團創辦人　謝十

作者序

超乎想像的四國療癒之旅！

　　人生第一次出國已經要遠溯至剛出社會工作的千禧年，目的地正是日本，地點為相當受台灣人喜愛的京都、大阪、神戶 6 日遊，帶著全新的護照與 8 卷底片，探訪期待已久的國度。

　　行程首日飛到日本領空，透過機艙玻璃往下看見日本國土的那一刻，是第一次看到台灣以外的外國土地，當時內心的興奮到現在依然記憶猶新。那次的好行程加上好天氣及好導遊，沒有讓人失望，我也如同許多人，從此變成無可救藥的日本旅遊愛好者。17 年的時光飛快流逝，歷經日圓匯率高騰及 311 強震，都沒有阻止我累積「上陸許可」的次數，走訪足跡也從關西、關東，一路擴展到九州、北海道、東北、北陸以及四國。

　　2005 年起跟著流行開始寫部落格，原本只是想單純紀錄生活、談談棒球和數位相機，最愛的日本旅遊終究還是後來居上，成為部落格比重最高的文章，篇數也逐漸累積，從小最討厭作文的我，如果知道未來的我會有這麼多文字產出，一定會希望小叮噹能借我時光機，來向現在的自己借一些文字回去。

　　人最不可靠的就是記憶，這些日本遊記將當次旅遊的點點滴滴保留下來，慶幸當時不嫌麻煩的打字撰寫，讓我對曾經發生過的每次行程都能留下記憶的線頭，有時無聊盯著自己的部落格，滾動著滑鼠、順著文字，當時旅行途中的情景及感受也油然而生，栩栩如真的在腦海裡播映，這和只瀏覽相片是截然不同的體驗；當然，在下筆的同時，會更認真的去搜尋資料，也因此逐漸累積更多旅遊經驗。

同事和好友們都知道我喜歡日本，日本於是成了人際間最好的一個話題，最常聽到他們問：「你什麼時候還要（回）去日本？」、「可以介紹我一些日本好玩的景點嗎？」、「可以幫我訂房嗎？」我也不會藏私，都盡量將所知的旅遊資訊傾囊相授，希望更多人能和我一樣，喜歡上去日本旅遊這件事（日本觀光廳可考慮邀我代言嗎？）。

　四國雖然接觸的較晚，但已然能在過往的旅遊經驗上，探訪的更加深入。去過之後深深喜歡上這片土地，無論是愛媛的道後溫泉、香川的金刀比羅宮、德島的大步危、高知的最後清流，還有各地的友善人情，無一不讓我回味再三，當然還有四國遍路，似乎不斷招手呼喚再次上路，看來我是得到所謂的「四國病」了，日後勢必還要常回去，以舒緩病症。

　這本書能有機會出版，要感謝許多朋友協助，大學同窗好友裕偉是我部落格最忠實的讀者，多年前就鼓勵我要好好整理部落格文章並適度改寫，好付梓出版；也要感謝李大爺和雪倫的推薦、創意市集編輯李素卿小姐的企劃、塚越小姐及駒田先生在日文方面的指導、羅伯特及小美野先生的友情相助，以及十鼓擊樂團創辦人謝十作序；當然，還有與我共同完成每次旅行的旅伴，也是我的老婆 Lynn，都是讓我能完成這本書的關鍵。

　這本介紹四國的旅遊專書，分享我對這充滿悠久歷史，並擁有豐富文化內涵的島嶼之旅遊體驗，希望大家透過文字和照片，愛上這塊美麗的土地，來一趟絕對會超乎你想像的四國之旅。

Aska

最新日旅注意事項

在台灣放寬對疫情的出入境限制後，很多人出國的第一選擇都是到日本。在疫情之後的觀光旅遊政策都有一些變化。如果你以前已去日本玩過好幾次，而現在仍抱持著一樣「說走就走」的想法直衝日本，那可能會因為「一時大意沒有查」的結果，卡在某些出入關流程、或在日本當地發生一些問題。建議你花 3 分鐘快速看完以下重點，順便檢查一下是否自己都做好準備囉！

※ 出入境手續，可能會有變化。實際最新狀況請隨時到相關網站查詢。

- 檢查護照是否已過期、快過期

大部份的國人因為疫情關係，至少有兩年多不曾出國，也許就在這兩年你的護照剛好要過期了，如果有出國計畫，第一步就是打開護照看一下「效期截止日期」，因現在換發護照的人潮眾多，至少提前兩週去辦理比較保險，並且記得順便辦快速通關喔！

外交部
領事事務局

※ 若要換發護照但沒時間排隊，也可找旅行社代辦。

※ 若之前沒有護照，第一次申辦的人，可就近到任一個戶政事務所，現在臨櫃有提供「一站式服務」，新辦護照也可以受理。

戶政事務所
辦理護照說明

- 確認最新檢疫入境政策

日本於 2023 年 5 月 8 日起新冠肺炎降級，赴日觀光不需出示疫苗證明，並解除日本室內外口罩令，若有任何變動，請以最新規定為準。

外交部
前往日本須知

- 線上填寫 Visit Japan Web（VJW），加快入境日本

以前飛往日本，在機上都會發兩張紙本的單子，一張是入境卡（下飛機第一關檢查護照時要交）、一張是給海關用的（有無攜帶違禁品，拿行李出海關時要交）。現在日本已經採取線上化一起整合成「Visit Japan Web」，請務必提前幾天到此網站申請帳號並登錄完成，過程中需上傳護照，及填寫一些旅程相關資料，加上還要等候審查，如果是到了日本下飛機才填寫會來不及喔！

Visit Japan
Web

VJW 的
常見問題說明

※ 若未線上填寫 VJW，也仍然可以用以前的紙本單子流程（在飛機上跟空服員索取），也可以線上跟紙本都填，入境時看哪個隊伍排隊時間較短就排那邊，擇一即可。

- 出入境都儘早提前過安檢

不管從台灣出發、或從日本回台,建議都早點過安檢關卡,因為現在旅客爆增,機場人力不太足夠,安檢的關卡常大排長龍。如真的隊伍太長,而你已接近登機時間了,航班的空服員會在附近舉牌子(上面寫有班機號碼),只要舉手回應表明是該班機乘客,就可以帶你加速安檢通關。

- 自助結帳、自助點餐

為了減少直接接觸,許多餐廳新增了自助點餐與結帳系統,入座後可以自行操作座位上的平板電腦,或用個人手機直接掃店家提供的 QR code 點餐。一些商店、超市與便利商店也都增加了自助結帳機,通常搭載多國語言,可先在螢幕點選「中文」後自行刷條碼結帳。另外,即使是由店員負責結帳,許多店家也會在刷好商品條碼後,要求顧客自行將信用卡插入刷卡機結帳,或是將現金直接投入結帳機內。

- 日本有些餐廳改成現場登記制(記帳制)

疫情之後,日本很多餐廳吃飯都要預約,倒不一定要事先電話或網路預約,而是到了現場之後,在門口有本子要你登記想用餐的時間,所以有時看起來沒有在排隊,實際上本子裡已經排了滿滿的人。而且假設你登記 19:00,即使 18:30 有空位了也不能提早進去。不過每間餐廳的作法不同,請以現場狀況為準。

- 日本的消費變便宜還是變貴?

其實日本的物價及稅金一直在上升,但因日圓貶值的關係,消費的感覺並沒有變貴,甚至還更便宜。但因日本政府不時提供國旅補助,鼓勵日本人在國內旅遊消費,相對飯店住宿的漲幅就會比較明顯了。

- 在日本上網更方便的 e-SIM 卡

很多人到日本要手機上網,會另外買專用的 SIM 卡,但缺點是要拔卡換卡很麻煩。現在較新的手機都有支援 e-SIM 卡功能,就是一個虛擬的數位 SIM 卡,只供日本上網專用(一樣有分幾天、吃到飽等方案),像遠傳、台哥大都有自己的日本上網 e-SIM 卡;而 Klook、KKday 等網站也有販賣其它品牌,即賣即用,算是很方便的選擇,可自行上網搜尋相關資訊。

※ 使用 e-SIM 卡時,請將手機國內號碼的漫遊功能關閉,以免誤用台灣號碼漫遊連網。

Contents

本書所列旅遊相關資訊，以 2023 年 2 月為基準。資訊因時因地會調動，出發前請利用書中的網址再次確認。

去四國
一定要知道的事

四國位於日本本州南端，九州右側，是日本列島四島中最小的一個，土地面積 18,804 平方公里，大約是台灣的一半，在全世界島嶼面積的排名正好第 50 位，島上從右上依順時針方向，共有香川、德島、高知、愛媛四個縣。

四國是日本四大島嶼中，目前唯一還沒有新幹線觸及的區域，交通路網相較於本州的四通八達，顯得沒那麼便利，人口也僅有 3 百多萬人，但也因此保留了更多原始的自然風貌及純樸人情。在高知，有日本最後清流之稱的四萬十川，德島有險峻的大步危峽谷、驚險的鳴門漩渦，還有撼動人心的阿波舞祭典，愛媛有日本最古老的道後溫泉，香川則逐漸以現代藝術在世界嶄露頭角，分佈在 4 個縣的遍路八十八所靈場，依然保有對遍路者接待的傳統。

根據日本樂天旅遊（楽天トラベル）於 2019 年，針對日本國內各都道府縣旅遊人氣上升排行榜所做的統計，香川縣及高知縣分居 2、4 名，在 2021 年疫情期間，德島縣也拿下縣內旅行人氣成長的第 2 名，顯見匯集豐富的天然景緻與深度人文歷史特質的四國，已受到越來越多人關注，可說是一處充滿魅力、人氣直線上升的旅遊地。

四國的香川、愛媛兩縣北臨瀨戶內海，德島和高知則南面太平洋，氣候也有些許差異，德島和高知年均降雨較多，不過冬季有太平洋的黑潮，比北邊略為溫暖一些。四國一年當中最高氣溫大約在8月，最冷的月份是1月，有時也有降雪的機會，四大城市的年均氣溫及降雨如下：

		1月	2月	3月	4月	5月	6月	7月	8月	9月	10月	11月	12月
高松	平均氣溫(℃)	5.5	5.9	8.9	14.4	19.1	23.0	27.0	28.1	24.3	18.4	12.8	7.9
	降水量(mm)	38.2	47.7	82.5	76.4	107.7	150.6	144.1	85.8	147.6	104.2	60.3	37.3
松山	平均氣溫(℃)	6.0	6.5	9.5	14.6	19.0	22.7	26.9	27.8	24.3	18.7	13.3	8.4
	降水量(mm)	51.9	65.6	102.3	107.8	141.5	223.6	191.6	89.6	130.3	96.7	68.0	46.0
德島	平均氣溫(℃)	6.1	6.5	9.6	14.8	19.2	22.7	26.6	27.8	24.5	18.9	13.5	8.5
	降水量(mm)	38.9	52.8	94.5	108.2	148.4	190.8	148.8	172.9	210.0	146.2	97.2	45.2
高知	平均氣溫(℃)	6.3	7.5	10.8	15.6	19.7	22.9	26.7	27.5	24.7	19.3	13.8	8.5
	降水量(mm)	58.6	106.3	190.0	244.3	292.0	346.4	328.3	282.5	350.0	165.7	125.1	58.4

資料來源：Time-j.net

除了氣候不同，小小的四國，縣民的個性也有很大的差異。民族學專家祖父江孝男教授在《日本縣民性學問大》一書中曾提到：「有個有趣的傳聞是這麼說的，如果意外獲得了一萬日圓，四國的人會怎麼做呢？愛媛的人會說『這真是太好了！』然後就拿去買東西。香川的人會說『唉呀，真是太幸運了！』然後就全部拿去存起來。德島的人會說『好極了，這下有資金了！』然後就把這筆錢增值成好幾倍再存起來。最後，高知的人則會說『真是賺到了！趕快來去喝一杯慶祝吧！』然後就把錢喝到一毛不剩。」在旅行途中如有機會不妨多與當地人交流，感受一下是不是真如同教授所描述的情形。

日幣

到日本旅行可以帶張信用卡，用來支應較大筆的開銷，比如說購買 3C 家電產品。但現金的便利性終究是無法取代，有些藥妝店就不接受刷卡，有些規模較小的旅館只收現金，這時如果日幣帶不夠就麻煩了。

行程所需要的日幣可以用台灣銀行線上申購外幣網站，不需開戶，只要填寫簡單的資料和決定購買的金額，再轉帳付款即可，非常便利，很適合平日不方便跑銀行的上班族，且在台銀線上申購又有千分之一的優惠，對於小資族來說不無小補。

台灣銀行線上申購外幣網站

🌐 https://fctc.bot.com.tw

電源、上網卡

日本的電壓是 100V，和台灣的 110V 不同，對於手機或數位相機來說，完全沒有影響，因為充電器都支援國際電壓（100～240VAC）；至於其他電器用品，基本上 10V 的差異影響並不大，如果不放心，可多帶個海外旅行專用變壓器。

利用手機隨時查詢資訊或開啟地圖導覽，在旅行途中越顯重要，這時如果還用台灣原門號漫遊上網，資費可是會讓人吃不消，建議可以在台灣先買張在日本可用的 sim 卡，或租用 wi-fi 分享器。

sim 卡適合一個人使用，分成無流量限制或固定流量（超過流量會降速），可依照旅遊天數選擇適合的方案，近來 e-sim 卡亦逐漸普及，直接掃描加入行動方案即可使用，省去更換 sim 卡的麻煩。如果想要 2 人以上使用，或是要分享訊號給筆電、平板電腦，則推薦使用 wi-fi 分享器。上網打「日本上網卡」或「日本 wi-fi」搜尋就會出現很多選擇，可依照自己的需求和預算購買或是租用。

消費稅

日本自 2014 年 5 月起，消費稅已從 5% 提升為 8%，2019 年 10 月更一舉調升至 10%，也讓來日本旅遊的花費推高了不少。

目前店家商品標價主要有兩種方式，像是 MUJI 無印良品，店內商品的價格一律都是含稅價，也就是「稅込」，價錢一目了然。不過大多數店家依然會同時標示稅前與含稅兩個數字，而且通常「稅抜」，也就是未稅前的數字會寫得比較大，消費時除非符合退稅的門檻，不然實際需要支付的，往往都是字體較小的稅込價格，所以結帳時可別因為和剛剛看到的價錢不同，而產生是不是被店員多收錢的疑惑，那一定沒留意到「稅込」的標示。

1 含稅價的標示方法 2 紅字是未稅標價

日本網站訂房好簡單

樂天旅遊、Jalan 是遊客去日本旅行最常使用的訂房網站,兩個網站可選擇的旅館數量都很多,訂房方式也差異不大,可以交互搭配使用,找出最好的住宿組合。

以樂天旅遊為例,只要輸入 check in、check out 日期、房間數量、利用人數,再選擇泊宿地點,就能搜尋空房,還能設定預算的上下限,非常方便。樂天旅遊雖有台灣繁體中文網頁,不過選擇會變得非常少,建議可以先註冊成為會員,利用日文網站訂房,只要認得以下幾個關鍵字,就不會太困難。

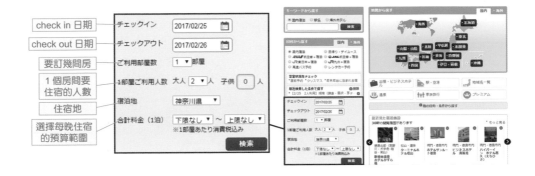

check in 日期
check out 日期
要訂幾間房
1 個房間要住宿的人數
住宿地
選擇每晚住宿的預算範圍

每間旅館都會被旅客依實際住宿經驗打分數,滿分是 5 分,一般來說分數超過 4 分就算蠻高的,踩到地雷的機會也會較低,3 分以下的就盡量不要去訂。

通常預約日本旅館並不需先付訂金或住宿費(也有少數住宿方案要先線上刷卡付款),但請一定要遵守人數及取消訂房的規定,千萬不要預訂 2 人住宿,結果是 3 個人要住;因為行程變更要取消訂房也沒有關係,只要依旅館規定的期限前處理就可以,也不會被收手續費,no show 是最不好的行為,不但會造成旅館的損失,也會影響自己(還有台灣)的信譽。如果當天因為行程延遲而會比預定 check in 時間晚到,務必要先打電話通知旅館,以免訂房被取消。

樂天旅遊

http://travel.rakuten.co.jp

Jalan

http://www.jalan.net

四國觀光路線圖

道後溫泉

今治

麵包（アン

金

四國旅

新居濱

予讚線

梅津寺

高浜

道後溫泉

伊予鐵道

郡中港

松山

橫河原

伊予灘物語

下灘

向井原

內子

松山城

高知城

大洲城

八幡浜

伊予大洲

新谷

少爺列車

土佐久礼

須崎

伊

鐵道Hobby Train
（鉄道ホビートレイン）

弘
（ひ

北宇和島

宇和島

予土線

江川崎

若井

窪川

大正久礼

中村線
土佐黑潮鐵道

宿毛

中村

宿毛線

四萬十川

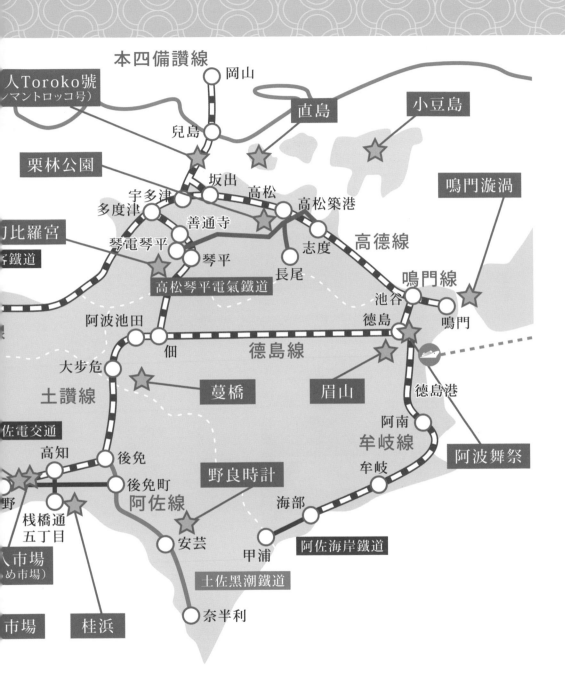

本四備讃線

岡山

人Toroko號
（シマントロッコ号）

直島

小豆島

兒島

栗林公園

坂出

高松

高松築港

鳴門漩渦

宇多津

多度津

善通寺

志度

高德線

○比羅宮

琴電琴平

琴平

長尾

鳴門線

○鐵道

池谷

徳島

鳴門

高松琴平電氣鐵道

阿波池田

佃

徳島線

眉山

德島港

大步危

蔓橋

眉山

土讚線

阿南

牟岐線

阿波舞祭

佐電交通

高知

後免

野良時計

牟岐

後免町

海部

野

阿佐線

桟橋
五丁目

安芸

阿佐海岸鐵道

甲浦

市場
め市場）

土佐黒潮鐵道

市場

桂浜

奈半利

行程規劃建議

一日　溫泉美食小旅

松山市區
（道後溫泉、松山城、萬翠莊、大街道）

▼

伊予灘物語觀光列車

▼

松山

兩天一夜　自然奇景之旅

DAY 1

德島

▼

鳴門
（千疊敷、渦旋汽船）

▼

德島市區
（阿波舞會館、眉山）

▼

大步危
（宿新祖谷溫泉飯店蔓橋）

DAY 2

祖谷
（蔓橋、琵琶瀑布）

▼

中村
（四萬十川）

三天兩夜 ▶ 宗教藝術文化巡禮

DAY 1

高松
▼
琴平
（金刀比羅宮）
▼
栗林公園
▼
高松市區
（丸龜町壱番街、吃烏龍麵）

DAY 2

高松
▼
直島
（宮浦港、家計劃、黃南瓜、地中美術館）
▼
高松
▼
德島

DAY 3

德島
▼
板東
▼
四國遍路靈山寺～金泉寺
▼
德島

七天六夜 四國遍覽之旅

DAY 1

關西空港

▼

德島（新町川遊船、阿波舞會館、眉山夜景）

DAY 2

鳴門
（渦之道、千疊敷、渦旋汽船）

▼

板東

▼

四國遍路靈山寺～金泉寺

▼

德島

▼

高松

DAY 3

高松

▼

小豆島
（土渕海峽、寒霞溪、橄欖公園、天使的散步道）

▼

高松

DAY 4

高松

▼

琴平
（金刀比羅宮）

▼

栗林公園

▼

高松市區
（丸龜町壱番街、吃烏龍麵）

▼

松山

DAY 5

松山（道後溫泉、大街道）
▼
伊予灘物語觀光列車
▼
松山
▼
高知

DAY 6

高知
▼
大步危
（新祖谷溫泉飯店蔓橋、
蔓橋、琵琶瀑布）

▼
高知
（五台山展望台、竹林寺、
弘人市場）

DAY 7

高知
▼
中村（四萬十川）
▼
高知

▼
德島 （搭渡輪）
▼
和歌山港
▼
關西空港

四十天以上　遍路之旅

　　如果你正好有個 40 天以上長假，不如就來一趟四國遍路之旅吧
（請見 P29 四國遍路之旅）。

四國買物與伴手禮

哪裡買？

德島、高松、松山、高知的市區內都有方便採買伴手禮及當地土產的地方。

★德島市內首推「阿波舞會館」一樓的「德島縣觀光交流Plaza（あるでよ德島）」，商品最齊全，價格也合理。

★高松可在JR高松站內由7-ELEVEN經營的kiosk買到香川當地的名物。

★松山的特產專區同樣在JR松山站內的7-ELEVEN，另外大街道、道後溫泉商店街也是很好購買伴手禮的場所。

★高知JR高知站內有間頗大的「高知銘品館」，商品種類豐富；另外，在站前的「高知觀光情報發信館とさてらす」，以及「弘人市場」也都有土產專區。

1 高知觀光情報發信館とさてらす賣場
2 JR高知站銘品館
3 德島縣觀光交流Plaza(あるでよ德島)

必買特產和伴手禮

德 島

阿波晚茶

阿波和三盆糖

海帶芽

竹人偶

菓匠孔雀元祖鳴門
（なると）金時

藍染製品

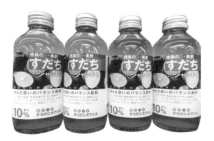

酢橘飲料

香川

烏龍麵條

灸まん

嫁入りおいり

小豆島素麵

愛 媛

道後夢菓子噺

一六本舖塔蛋糕捲

母惠夢

今治毛巾

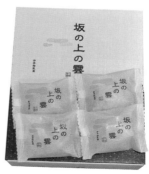

坂の上の雲

高 知

天むす薫

銘菓 土佐日記

鰹魚（かつお）生節

ミレー餅乾

塩番薯條
（塩けんぴ）

四萬十川紅茶

竜馬がゆく
土佐銘菓

青海苔粉

ごっくん
馬路村柚子飲料

四國的祭典

四國面積不算太大，不過一整年下來也有不少活動行事曆及祭典，光是祭典就多達 30 餘個，但論知名度及動員人數，當數以下三大祭典：

阿波舞祭（阿波踊り）

地點／德島市區　日期／8 月 12 日～ 15 日

400 多年前自阿波國（即現在的德島縣）發祥，原本就是相當庶民的一種舞蹈，在二次戰後，為了作為復興的象徵而日益盛大，並逐漸演進成現在的形式。在日本各地舉辦阿波舞的地方不少，但以規模和影響力來說，德島阿波舞祭絕對是日本第一。

夜來祭（よさこい祭り）

地點／高知市區　日期／8 月 9 日～ 12 日

四國三大祭典中歷史最短的一項，自 1954 年開始，本意是為了振興地方經濟而發起的活動，日期和阿波舞祭接近並有所重疊，似乎亦有互別苗頭的意味。夜來祭的舞者廣泛運用傳統木製樂器「鳴子」為節拍，結合現代音樂，一大群人舞動起來充滿無限活力。

新居濱太鼓季（新居浜太鼓祭り）

地點／愛媛縣新居浜市
日期／ 10 月 16 日～ 18 日

三大祭典中最華麗的一項，原本是用來祈求五穀豐收、安全及地方興隆，活動用稱為「太鼓台」的神輿，逐漸演變成巨大山車，各個區域也都輸人不輸陣，山車無不豪華絢麗，每輛重達 1～2 噸，太鼓台間的衝撞和對抗也非常激烈，是男性限定的一項祭典。

四國遍路指的是四國靈場八十八所，是當地獨特的庶民信仰文化，其源起有多種說法，一般均認為是1,200多年前開創日本真言宗的空海大師回到出生地四國修行，發現人間苦難多，決心用法度人間，於是徒步四國、弘揚佛法所留下的足跡。

四國八十八所靈場分佈在四個縣，在阿波之國德島，稱為「發心的道場」，有二十三所；土佐之國高知是「修行的道場」，有十六所；伊予之國愛媛是「菩提的道場」，共有二十六所；讚岐之國香川稱之為「涅槃的道場」，有二十三所，合計八十八所。

有人形容這是大人版的集點遊戲，從第一番礼所依序號走到第八十八番結願後完成，可以消除人間的八十八種煩惱，是很有福報的一件事。不過總路程超過1,200公里（足以環台一圈），徒步走完要40幾天，對身心都是很大的考驗。

四國遍路有許多種行走方式，順著序號走稱為「順打」（順打ち），從位在德島縣的第一番靈山寺，一路經過高知縣、愛媛縣、最後到香川縣的第八十八番大窪寺結願；也可以從大窪寺開始、逆著走回靈山寺，稱為「逆打」（逆打ち），難度會提升好幾倍，但據說功德也更高。時間如果不夠，無法一次走完，可以分區分次完成，稱作「區切打」（区切り打ち）。日本還有遊覽車遍路、計程車遍路，都是因應現代人不同的需求而發展出來，也相當受歡迎。

遍路對現代人來說就像是一條朝聖之路，千年以來一直都在，在現代則因為能祈求增進健康及能量場所巡禮的話題而受到廣泛注目，就等著人們因緣具足時上路，各自尋求自己的人生、自己的體會。

四國交通攻略

前往四國的交通選擇

直飛四國：四國機場

目前從台灣直飛四國只有華航一家，航線是桃園至高松。

高松空港距離市區不算太遠，由於沒有鐵道，必須搭乘空港利木津巴士。高松空港依照飛機抵達時間規劃巴士的發車時刻，搭車地點在航站大樓前的 2 號月台，大約 40 分鐘就能抵達 JR 高松站，車資 1,000 日圓。搭計程車的話，車資大約 4,600 ～ 4,800 日圓。

從本州前往四國

從本州前往四國的方式其實還滿多的，可以選擇高速巴士、搭船、鐵道等交通工具，非常方便。

• 高速巴士

關西空港有利木津巴士（ Limousine Bus），可以直達德島及高松，負責營運的「関西空港交通株式會社」雖然在官網表示全車座位是預約制，但又加了一句「如果有空位時則可以不用預約」。由於關西空港是進出京都、大阪的門戶，在櫻花、楓紅的觀光旺季時航班會大增，飛機可能誤點，且入關審查時間變數很大，有可能搭不上預定的班次，建議在現場購票即可。

高速巴士售票處在關西空港第一航廈一樓出關後，位於正中央的 Kansai Tourist Information Center，櫃台上方有一個大大的「i」燈箱，很好辨識；或是到一樓航廈外面的利木津巴士乘車處，有自動售票機。往德島在 2 號月台搭車（靠近南到着口），往高松則要在 7 號月台（靠近中央出口），售票機就在月台附近。

從關西空港前往德島每天有 9 個班次，從第一航廈出發的話車程為 2 個小時 45 分；往高松則有 6 班，因為距離較遠，要費時 3 小時 32 分，實際行駛時間依當日車流狀況會有些許誤差。

1 位於關西空港一樓正中央的 Kansai Tourist Information Center 2 開往德島的高速巴士

• 搭船

　南海電鐵公司發行一款「とくしま好きっぷ」的套票，結合自家的電車和渡輪。從關西空港站先搭乘南海電鐵的特急「サザン」（Southern）前往和歌山港站後，再轉搭「南海渡輪」（南海フェリー），

電車和渡輪間的時刻表銜接得很好，不會有久候的情形。全程時間大約較利木津巴士長約 1 小時，不過有價格優勢，只要2,200 日圓就可以從關西空港前往德島。售票處在關西空港站南海電鐵的櫃台。

| 南海 Ferry |

🌐 https://nankai-ferry.co.jp/

• 鐵道

　四國和本州唯一連接的鐵道路線是從岡山發車，經過兒島，利用瀨戶大橋（JR本四備讚線），連結到四國島內的宇多津，再行駛到高松或其他城市。行駛往來JR 岡山站與 JR 高松站間的快速「Marine Liner」（マリンライナー）列車班次很多，搭乘自由席的話車資 1,660 日圓，行

車時間最快僅需 52 分鐘，這是從中國地區前往四國最經濟實惠與最快速的方案。除了到高松，岡山到四國另外三個縣廳所在地（松山、高知、德島）也有直達的特急列車，不過因為路途較遠，比起直達高松的班次要少了許多，規劃行程時可先查詢清楚，以免久候。

| 日本鐵路時刻表查詢 |

🌐 https://transit.yahoo.co.jp

1 往來和歌山與德島間的南海渡輪 2 往來 JR 岡山站與 JR 高松站間的快速「Marine Liner」

四國的鐵道路線圖

四國有四個縣，香川縣、德島縣、高知縣、愛媛縣，縣廳所在地分別是高松（香川縣）、德島（德島縣）、高知（高知縣）、松山（愛媛縣），其中「高」、「松」分別出現兩次，有點容易搞混；串連四縣的JR鐵道也各自有不同的路線名稱，像是予讚線、土讚線，同樣也容易讓人混淆，不過只要了解這四個縣的古名，就不會感到難以理解了。

香川古國名是「讚岐」、德島是「阿波」、愛媛是「伊予」、高知是「土佐」，因此連接愛媛縣和香川縣的JR路線稱為「予讚線」，行駛愛媛縣和高知縣的則是「予土線」，串連香川縣和高知縣的是「土讚線」，皆和古地名有關。不過連接德島縣和香川縣則用兩地縣廳所在地首字命名，稱為「高德線」，不完全都用古地名，了解這些名稱有助於掌握搭乘時的所在方位。

四國鐵路周遊券

四國地方原本並未發行鐵路周遊券，當時如果要到四國來趟鐵道旅行，就必須購買高貴的全國版 JR Rail Pass，對旅人來說是一筆不小的開銷。

2014 年 4 月 1 日，第一張可在四國全域使用的鐵路周遊券正式推出，取名為「All Shikoku Rail Pass」（四國鐵路周遊券），使用範圍涵蓋島上全部的鐵道路網，四國自助鐵道旅行於是有了最好的選擇。

在 2016 年歷經一次小幅的售價調整，2018 年初再次改版，新增小豆島渡輪高松土庄間航線與小豆島橄欖巴士的路線巴士，讓這張四國鐵路周遊券變得更方便。歷經 Covid-19 到了 2023 年 5 月，這張周遊券再次漲價，而且是開賣以來最大的調幅，7 日型也正式跨入 2 萬日圓大關。這張鐵路周遊券依天數分成四種：

票種	海外銷售		日本國內銷售 / 透過 JR-WEST ONLINE TRAIN RESERVATION 購買	
	大人 12 歲以上	兒童 6～11 歲	大人 12 歲以上	兒童 6～11 歲
3 日	12,000 日圓	6,000 日圓	12,500 日圓	6,250 日圓
4 日	15,000 日圓	7,500 日圓	15,500 日圓	7,750 日圓
5 日	17,000 日圓	8,500 日圓	17,500 日圓	8,750 日圓
7 日	20,000 日圓	10,000 日圓	20,500 日圓	10,250 日圓

旅客可依預計在四國的停留天數選擇需要的票種，以平均價格換算，7 日券每天只要約 2,857 日圓，價格還算合理，且持有這張周遊券只要多花 1,200 日圓，就能加購「用指定席回數券」（4 張 1 組），透過事先劃位，就可以搭乘兒島站以南的 JR 四國鐵道全線特急列車，以及土佐黑潮鐵道全線的指定席。而且比起其他 JR 鐵路周遊券更值得讚許的是，四國鐵路周遊券能搭乘的範圍可不只限於 JR 系統，還包括四國境內其他鐵道公司，包括琴平電氣鐵道、伊予鐵道、土佐黑潮鐵道、土佐電鐵、阿佐海岸鐵道，均完整涵蓋，也就是說搭乘其他系統通通不用再另外花錢購票，即可搭乘各級列車的自由席，若要說小小的美中不足，大概就是不能搭乘在松山市內行駛的少爺列車，且各種日型都必須每天連續使用，不能斷開。

要特別留意的是，四國鐵路周遊券的使用範圍在跨過瀬戶大橋後止於 JR 兒島站，以北就屬於 JR 西日本的營運範圍了，兩家鐵路公司的駕駛員也會在此交換，過了 JR 兒島站後所搭乘的里程需另外付費。

台灣許多旅行社或旅遊網站都有代售四國鐵路周遊券，建議出國前就先買好，抵達四國之後，再到 JR 四國指定車站的綠色窗口（高松站、松山站、德島站、高知站）、各 Warp 分店（高松、松山、德島、高知、梅田分店）、琴平町站內資訊處或日本旅行 TiS 岡山，兌換開啟，即可搭乘鐵道到處趴趴走了。

四國鐵路周遊券通常每隔幾年就會調整一次售價，規劃行程前建議可先到官網查詢確認。

四國鐵路周遊券

🌐 https://shikoku-railwaytrip.com/tw/railpass.html

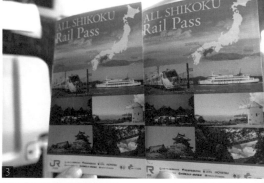

1 JR 德島站的綠色窗口 2 四國鐵路周遊券兌換憑證 3 四國鐵路周遊券 4 予讚線 8000 系麵包超人列車

景點間的距離和鐵道移動時間

四國的總面積雖然不算太大，但四大城市間的移動還是要花上 1 ～ 4 小時不等的時間。四大城市間，高松和德島距離最近，大約只要 1 小時，其餘均會超過 2 小時，其中松山到高知間搭乘鐵路更長達 4 小時以上。因此，在安排行程時最好能先將搭車移動時間考量進去，避免一路趕趕趕，壓縮到景點停留時間，也喪失在四國慢遊的樂趣。

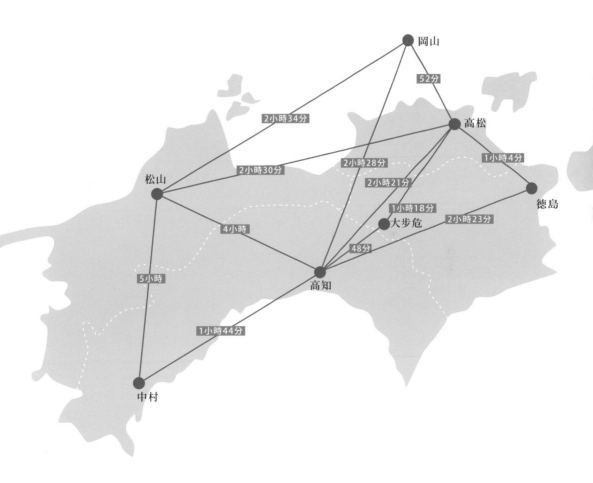

岡山

52分

2小時34分

高松

1小時4分

松山

2小時28分

2小時21分

德島

2小時30分

1小時18分

大步危

2小時23分

4小時

48分

5小時

高知

1小時44分

中村

* 往來各地依實際搭乘車次，所需時間會有些許差異

「攤開地圖來看時，不知道為什麼卻覺得四國似乎
是我該去的地方。不管看過幾次，不，每看一次，
那地方就越來越強烈地吸引我。」
　　　　　　～《海邊的卡夫卡》‧村上春樹

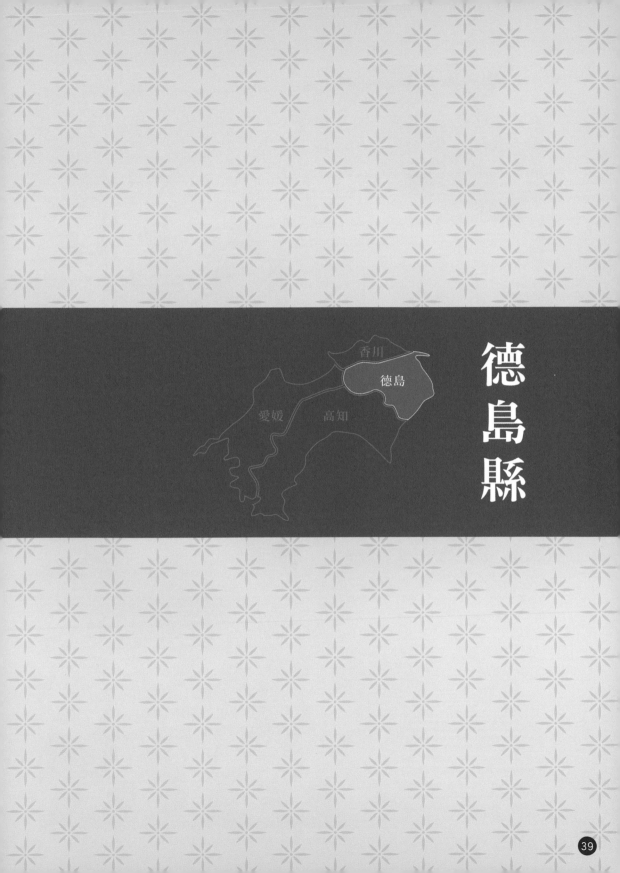

香川

徳島

愛媛　高知

德島縣

眉山的德島

位在市區的「眉山」,可說是德島市的象徵。因為不管從哪個角度眺望都像眉毛的形狀因而得名。眉山有完整的登山步道,是當地居民很親近的山,許多德島的學校也都把眉山寫入校歌歌詞。

作家佐田雅志(さだまさし)創作了一本名為《眉山》的小說,於 2007 年被改編成電影,由松島菜菜子、大澤隆夫、宮本信子主演。河野咲子(松島菜菜子飾)原本在東京工作,有一天接獲母親河野龍子(宮本信子飾)重病入院的消息,隨即回到故鄉德島照顧母親,寺澤大介(大澤隆夫飾)是那間醫院的醫生。

從小龍子在咲子面前絕口不提父親,只說他早已過世。龍子的友人將原本要在她過世後才轉交的物品提前給了咲子,木盒裡細心保存一些信件和一張龍子年輕時與一名男子在眉山的合照,經過咲子的追問,龍子才透露這是一段不倫的戀情。想看看生父模樣的咲子從信件地址找到他在東京開業的診所,並掛號看診,從姓氏和出生年月,老醫師立刻猜出是他女兒,咲子邀請他來看阿波舞祭。

8 月中旬,德島最燦爛的夜晚來臨,來日無多的龍子在寺澤醫生和女兒的陪同下到阿波舞祭會場,咲子始終坐立不安尋找一個身影,最後在所有的連一起表演群舞時,終於看到最期盼的人出現。咲子淚眼大聲喊著「お父さん」(爸爸),龍子循著她的視線方向,隔著阿波舞表演團體在對面看台看到已經 30 年不曾見過的他……。

劇情的主軸圍繞在河野龍子和咲子母女間的親情,坦白說情節並沒有太特殊的地方,卻很巧妙的帶入德島市、眉山與新町川的風光,由母女倆一起跳著阿波舞開場,以眉山結束,後半段更大量使用阿波舞祭的畫面,由劇組在祭典舉行時,現場實況多機收錄,場面壯觀,令人感受到這四國第一祭典的魅力與震撼,如果以這個角度來看,眉山這部電影可說是對德島觀光最好的宣傳。

隔年,小說再拍成連續劇,由常盤貴子主演,畫面帶入更多德島明媚的風光;這個故事也曾登上舞台劇,在東京人形町附近的明治座公演,看來眉山還真是滿受歡迎的題材呢!

出發，前往德島

1

第一次的四國之旅，是在紅葉見頃的季節，從關西空港出發，搭乘高速巴士前往德島。

抵達關西空港出關後，先在機場一樓大廳的 Kansai Tourist Information Center 購買往德島的車票，由於離發車還有些時間，先逛逛機場的商店，順便吃個午餐。從南出發口這一側上到二樓的賣店有家「神座」，是近畿地區知名的拉麵連鎖店，評價還不錯；如果時間不夠，可以到二樓的 FamilyMart 買些東西到車上再吃，不然從關西空港到德島可是一段將近 3 小時、且途中沒有停休息站的車程。

往德島方向的巴士在 2 號月台，等候處分為兩區，有預約的排在前面，沒有預約的排在另一區，先到先排，

依序上車，如果真的遇到旺季客滿，就只能等下一班車了。

巴士到站前幾分鐘，工作人員會詢問乘客要抵達的目的地，將行李掛上號碼牌，並給一張行李條，按乘客下車地的遠近，行李會被依序放入高速巴士的行李箱。

目的地是這班車的終點站 JR 德島站，行李就放在最裡面。做這些工作都是一些上了年紀的老伯伯，猜想大概都是退休後再就業，敬業的態度，整個過程讓人很安心，也不怕行李會弄丟或取錯，相當值得台灣的機場或運輸業學習。

車內是 2+2 的座位，位子不算寬敞，不過因為只坐了約 5 成的旅客，可以一個人坐兩個位子，搭起來還算

1 坐在巴士左側沿路幾乎都是海景 2 過了大鳴門橋就抵達四國 3 往德島在 2 號月台搭車 4 行李會依序下車地點放入行李箱

舒適，巴士幾乎全程開在高速公路上，不會受到紅綠燈影響而走走停停。

從關西空港出發，沿著大阪灣北上，經過摩耶港後，會短暫下高速公路，途中經過神戶市區，可以看到神戶港地標摩天輪、神戶塔、造型特殊的美利堅公園東方飯店、停泊港邊的遊輪出現在左側車窗。

高速巴士接著再次上高速公路，往明石方向前進，經過全長 3,911 公尺的「明石海峽大橋」後，進入瀨戶內海最大的島嶼「淡路島」。巴士行駛在神戶淡路鳴門自動車道上，沒多久左手邊出現一座大摩天輪，想必是欣賞這座日本最長吊橋的最好視點。這座以生產洋蔥聞名的島嶼，近年來不斷推出新的觀光設施，像是「哥吉拉迎擊作戰」、「HELLO KITTY SMILE」主題樂園，吸引許多遊客造訪。

穿越整個淡路島後，再行經「大鳴門橋」跨過鳴門海峽，就正式進入四國的領土。這段路程坐在左側位置是較好的選擇，平穩的行進速度，透過車窗，一路大多是廣闊的海景，欣賞窗外風景，偶而吃點東西，倒也不會覺得路途過於漫長。

當看到高速公路的標誌板寫著「ようこそ鳴門へ」（歡迎來到鳴門）字樣時，不免開始有些興奮，因為我知道眼前就是四國了，原本只存在腦海種種有關四國的想像，開始有了具體的畫面，在心中默默跟它說聲「はじめまして」（初次見面），接下來的旅程就請多多指教了。

1

阿波舞會館

2

JR德島站是德島市內的運輸中心，車站和 Clement Plaza 百貨賣場及 Hotel Clement 共構，夾在兩棟商業設施中，售票機和閘門隱身在最內側，不太起眼，似乎只做最低限使用，將空間留給商業使用。車站左前方是公車轉運站，右前方跨過馬路就是 amico(前身是 SOGO 百貨店)，看起來還算熱鬧。

1 和 Clement Plaza 百貨賣場及 Hotel Clement 共構的 JR 德島站 2 車站前行道樹是棕櫚科樹木，展現南國風情 3 橫貫德島市區的新町川

水岸新町川

車站附近的行道樹是高聳的棕櫚科樹木，很有南國風情，沿著車站前的新町橋通（讚岐街道）直走，大約 400 公尺就能抵達新町橋。新町川是橫貫德島市區的主要河川，市政府將其打造成水際公園，成了市民休憩運動的最好場所，沿岸有不少餐廳和咖啡店，就景觀來看，跟高雄的愛河有幾分神似。

從新町橋往下游方向走約 5 分鐘（400 公尺）來到兩國橋，可以搭乘環繞「瓢簞島」一周的遊覽船。每天從上午 11 點開始營業，每 40 分鐘一班，乘船時間約半小時，乘著露天遊覽船由水路欣賞德島的水岸風光，並可遠眺德島的地標：眉山。

新町川晚上會打起多彩的 LED 燈光，呈現與白天截然不同的風貌。德島的商店街很早就打烊休息，夜晚的市街會變得比較冷清。

餐廳 info

元祖大判燒 あたりや

🕐 10:00 ～ 18:30　　　　　　　休 星期二
🏠 德島市元町 1-24（amico 1F）　🚃 JR 德島車站徒步 2 分鐘
推 紅豆餅

心舞水都，德島

德島不愧是阿波舞的王國，到處可以看到德島最引以為傲的阿波舞相關景物，人行道舖面有阿波舞者圖樣、郵筒上有阿波舞者的雕像，連商店街和涼亭的屋頂都做成阿波舞者編笠的造型，看了讓人不禁會心一笑。

從 JR 德島站往前一路直走，約 850 公尺就能抵達位於眉山山腳下、有著天燈造型的「阿波舞會館」（阿波おどり会館），是來到德島市一定不可錯過的地方。

顧名思義，這個會館以介紹並推廣阿波舞為主要目的，二樓的展演廳每天都有不同的「連」公演數場阿波舞。連是指阿波舞的團體，像 SOGO 百貨公司成立的隊伍，就稱為 SOGO 連。做為阿波舞的發源地，德島縣內有許多知名的連，像是阿呆連、天水連、無双連……，都曾在電影《眉山》中出現。阿波舞祭畢竟每年只有在仲夏之夜舉辦 4 天，不容易遇到，但這裡每天都有阿波舞表演，除了可欣賞有名連的專業演出，每到最後還會邀請觀眾一起上台，實際體驗阿波舞的魅力。

1 阿波舞會館　2 郵筒上的阿波舞者　3 人行道也可以看到阿波舞圖樣
4 點燈的阿波舞會館更像天燈了　5 編笠造型的商店街

三樓是「阿波舞博物館」，一走出電梯，就可以看到栩栩如生的阿波舞者蠟像，想要對阿波舞的歷史、服飾、器物有更進一步的認識，進來看就對了。

五樓則有一項特別的設施：「眉山纜車」（眉山ロープウェイ）。在山腳下正好可以看到它往山上前進，桶狀造型的車廂好可愛，緩緩爬升的姿態還頗有療癒感，在電影《眉山》中也曾經出現過。售票處在五樓，間隔15分鐘運行，只要6分鐘就能將人載到山上展望台。

眉山夜間纜車只有在每年的4～10月間運行。華燈初上之際，搭乘纜車登上眉山，走到觀景平台，眼前景色讓人感到驚艷不已，前方德島市區一覽無遺，點點明亮燈火以扇子的形狀延伸展開，和一些以夜景著稱的城市相比並不遜色。

	阿波舞博物館	白天阿波舞公演 （阿波之風）	夜間阿波舞公演 （有名連）	眉山纜車		
開館時間	9:00～17:00	① 11:00～ ② 14:00～ ③ 15:00～ ④ 16:00～	20:00～20:50	4/1～10/31　9:00～21:00 11/1～3/31　9:00～17:30 *8/12～15 9:00～22:00		
成人	300 日圓	800 日圓	1,000 日圓	單程 620 日圓	往返 1,030 日圓	套票 —
三種套票	●	●	—	—	●	1,830 日圓
兩種套票	●	—	—	—	●	1,130 日圓
	●	●	—	—	—	1,000 日圓

1 寫著各個連的燈籠　2 位在三樓的阿波舞博物館　3 阿波舞會館眉山纜車搭乘處　4 緩緩爬升的眉山纜車　5 眉山纜車桶狀車廂

阿波舞會館

🕘 9:00 ～ 21:00
休 12/28 ～ 1/1，2 月、6 月、10 月第 2 個星期三
🏢 德島縣德島市新町橋 2 丁目 20 番地
🚌 JR 德島站下車徒步約 10 分鐘
🌐 http：//awaodori-kaikan.jp

晚上的眉山除了夜景迷人，還非常安靜，因為距離隔開山下的喧嘩，只有不知名的蟲鳴、微風吹過樹梢的淅颯聲，還有戀人的呢喃絮語。欄杆旁有個讓人掛上鐵鎖（南京錠）的地方，稱為「戀人Spot」，原來這裡是日本相撲第69代橫綱白鵬和他出身自德島的妻子曾經約會的地方；一旁還有個超大型LED萬花筒，名為「眉華鏡」，站在下方仰視可以看到變化萬千的繽紛圖樣，非常浪漫也饒富趣味，是情侶約會的好場所。

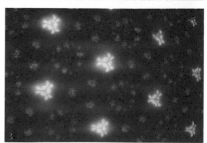

1 眉山夜景　2 戀人 Spot　3 大型 LED 萬花筒「眉華鏡」

看完眉山夜景回到山腳下的阿波舞會館，一樓有「德島縣觀光交流 Plaza（あるでよ德島）」，寬敞的賣場彙集眾多德島當地特產，例如鳴門金時番薯、藍染、和三盆糖、竹人偶，連遍路用品也可以買得到，當然更少不了各式包裝精美的禮盒，讓人看了愛不釋手。

1 德島縣觀光交流 Plaza(あるでよ德島) 2 紫色外皮的金時番薯 3 德島特產竹人偶

德島城跡

　　就位在 JR 德島車站的東側，很適合作為晨昏時散步的公園。德島城於戰國時代由德島藩主蜂須賀家政所築，在明治時代頒布廢城令後，幾乎將所有建築拆得精光，若不是還留有護城河及部分石垣，會覺得就只是一處綠蔭繁盛的理想公園，來訪時，幾乎都是當地居民來這裡運動。

　　原本在廢城令之後唯一保留的正門「鷲之門」，後來也沒逃過劫難，不幸在二戰中的德島大空襲中燒毀，後來為了紀念德島市改制 100 年，於 1989 年復原重建，讓往日風華得以再現；約 100 公尺外有座橫跨內堀的「數寄屋橋」，以檜木打造，造型優美，呈現日本人記憶中江戶時代的風情。

德島城跡

1 德島城跡一景 2 日本 100 名城之一
德島城跡 3 數寄屋橋 4 鷲之門

超刺激鳴門漩渦

十津川警部也來過

德島縣依山傍海，位在縣東北角鳴門市，有一種因為特殊地理條件而形成的罕見天然奇景聞名於世。「明天是大潮日，早上 11:00 的時候將會有滿潮。」前一天在 JR 德島站的 WARP 詢問鳴門的旅遊情報，案內所的小姐查詢了潮汐表後這麼說。因此，特別將鳴門的行程改排在隔天一大早，要前往欣賞號稱世界三大漩渦之首的「鳴門渦潮」。

這天是平常日，早晨的 JR 德島站月台都是要通勤通學的人，列車進站前月台播放的音樂是 2016 年 8 月導入的阿波舞音樂，非常有特色。

開往鳴門方向的都是普通車，只有短短的兩節車廂，車上卻載著滿滿的乘客，99% 都是穿著制服的學生，幾乎是學生專車了，像我們這樣休閒裝扮的觀光客相當醒目。只見男學生們一早就活力十足，同學間打打鬧鬧的，相較之下女學生就文靜多了，三五成群聊天或是獨自戴著耳機聽音樂。這班車可直達「JR 鳴門站」，毋須在池谷站換車，沿途是鄉村平野，不時可見蓮花田，難怪土產店有這麼多蓮藕相關食品。途中學生有上有下，直到終點前一站 JR 撫養站，車內學生才全數清空，瞬間恢復寧靜。

　　抵達 JR 鳴門站，月台上立著用書法寫的「歡迎來到渦潮的鳴門」字樣，直接了當告訴大家這裡的特色。在車站內先拿一些旅遊資料，順便看看能不能找到火影忍者（註）的蹤跡，隨即到站前的公車站排隊等車。鳴門站離欣賞渦潮的地方還有一段距離，公車經過「小鳴門橋」、「大塚美術館」後沿著蜿蜒山路行走，最後停在鳴門公園，行車時間約 20 分鐘，車資 320 日圓。

　　出發到四國前曾在書房內找到一本日本推理名家西村京太郎所寫的《瀨戶內海流之愛與絕望》（日本原書名：《十津川警部の逆襲》，1990 年出版），是以四國為舞台的短篇小說集，第一篇就是關於阿波鳴門，對於當地的初步認識，像是渦潮、大鳴門橋、鳴門公園、千疊敷、茶園觀景台……就是來自這本書。

　　閱讀推理小說的樂趣在於享受作者精心佈局的故事情節，並順著文字在腦海自由想像其描述的場景，特別是西村京太郎有許多作品都被歸為旅情小說，自然少不了風景的描繪。依自己的解讀，原以為鳴門公園會是一處開闊、景點都在視線可及之處的地方，沒想到想像和現地有些出入，下車只看到站牌旁有條巨大的高架橋，是昨天從關西空港搭乘高速巴士到德島時曾路過，可一路連接淡路島到神戶的高速公路，書中所提到的景點怎麼都沒看到？

站牌前有間老阿嬤經營的雜貨店，先向她詢問該怎麼走到各景點。其實並不複雜，站牌前階梯就有往千疊敷的指示，老阿嬤說：「上去之後的茶園很漂亮，可先去看看。」

爬上階梯後往右轉經過幾家土產店，就是茶園展望台，左前方大鳴門橋以雄偉的姿態聳立在眼前，「自從與淡路島之間連接的鳴門大橋興建完成之後，鳴門就有了一新一舊的兩大名勝地。一個當然就是稱為東洋第一吊橋的這座連通橋，另一個就是渦潮。」西村京太郎在書中先交代事件發生的場景。吊橋延伸過去另一端所連接的陸地就是淡路島了，從這裡眺望，視野果然極佳，仔細觀察海面，可以發現橋下附近的浪花和其他地方不同，明顯湍急激烈許多，海中已有觀潮船在漩渦旁航行穿梭。

往反方向直走，就可以看到「大鳴門橋架橋記念館 Eddy」（エディ）和「渦之道」（渦の道），我們略過前者，往稍遠的渦之道前進。

1 往鳴門的普通車如同一列學生專車 **2** JR鳴門站 **3** JR鳴門站月台 **4** 公車鳴門公園站 **5** 茶園展望台 **6** 從茶園展望台眺望大鳴門橋 **7** 從茶園展望台眺望大鳴門橋全景

（註）：鳴門的發音（Naruto）和漫畫《火影忍者》（日本原名：NARUTO-ナルト）同名，漫畫主角成了最合適的代言人。

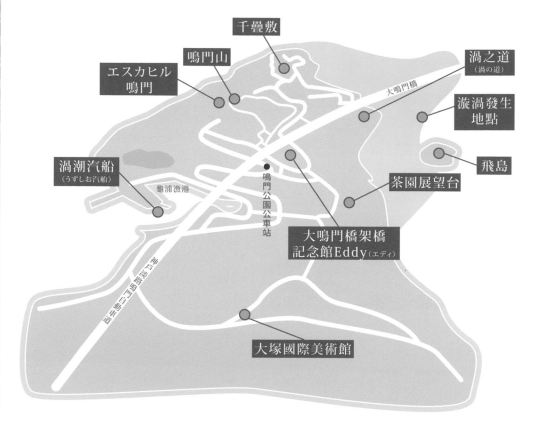

千疊敷

鳴門山

エスカヒル
鳴門

渦之道
（渦の道）

漩渦發生
地點

大鳴門橋

渦潮汽船
（うずしお汽船）

茶園展望台

飛島

龜浦漁港

鳴門公園公車站

大鳴門橋架橋
記念館Eddy（エディ）

大塚國際美術館

　　往反方向直走約 300 公尺，就可以看到「渦之道」，入口處大大標示著今天的滿潮、退潮時間，可以直接在售票處購買「渦之道＋觀潮船套票」共 1,850 日圓，會比個別單買優惠一些。除了搭觀潮船，渦之道是欣賞海面漩渦距離最近的方式。這條長達 450 公尺的步道就設在大鳴門橋車道正下方，原先是預留要做鐵路通行之用，後來計畫變更，在 2000 年開設這條海上遊步道，不但能看到這巨大建設的工程結構之美，也讓人可以欣賞海上漩渦奇景。

　　頭頂上是車輛轟隆經過的聲響，腳下是洶湧的鳴門海峽潮水，步道每隔一段距離地板上會舖著透明玻璃，可從上方觀賞漩渦。要形成這樣的景象需要獨特的地理條件，鳴門海峽是僅有 1.3 公里的狹窄海峽，一側是瀨戶內海、另一側是紀伊水道和太平洋，受潮汐影響，最大會產生 1.5 公尺的水位落差，碰上海底正巧為 V 型下沉地型，在太平洋側水深 140 公尺、瀨戶內海側更深達 200 公尺，海底並有著稱為「海釜」的凹地，這獨特且複雜的海底地形與受潮汐影響的海水巧妙結合，形成漩渦，最大可達到直徑 20 公尺，規模世界第一。

1 渦之道　2 渦之道入口　3 渦之道每隔一段距離會有休憩區
4 渦之道可同時欣賞工程之美　5 渦之道距離海面 45 公尺

走到最遠處的展望室時，是一處可同時看見海峽兩側的大型空間，一邊是瀨戶內海、一邊是太平洋，視野遼闊，地板鋪了八片大玻璃，下方正是漩渦不斷生成與消失的熱點，宛如就站在漩渦上方，挑戰人們的感官，隱約還可以聽到激烈的海潮聲。

渦之道來回步行距離長約1公里，途中有設幾個休憩區，可讓人稍歇。因為地形的關係，這裡風很大，且步道非密閉式設計，夏天海風或許涼爽，冬天會非常冷，務必要注意保暖。

渦之道

- 🕘 9:00～18:00（3～9月）；9:00～17:00（10～2月）
- 休 3月、6月、9月、12月第2個星期一
- 大人510日圓、國高中生410日圓、小學生260日圓
- 德島縣鳴門市鳴門町（鳴門公園內）
- 🚌 搭鳴門市營公車在鳴門公園站下車徒步5分鐘
- 🌐 http：//www.uzunomichi.jp/

1 渦之道展望室 2 飛島 3 渦之道步道每隔一段距離就有透明玻璃

1 千疊敷 2 千疊敷的土產店 3 千疊敷是離大鳴門橋最近的眺望點

千疊敷

　　距離渦之道 2 分鐘路程就能走到千疊敷，是離大鳴門橋最近的眺望點，也是行前令人印象最深刻的地方。除了地名特殊，更因為西村京太郎筆下最知名的角色十津川警部曾經來過這裡。

　　「千疊敷觀景台的附近有名產店，聚集了來買鳴門海菜芽、阿波竹人偶……等的觀光客，十分熱鬧。」對照現狀，的確就如同書中所描述，看來西村京太郎在下筆前曾經到此實際勘景。

　　畢竟是推理小說，接下來，事件的被害者在此出現，一個滿頭是血的男子搖搖晃晃想要求救，最終只發出細微的呻吟就倒地身亡。經過警方確認身份，死者是專門寫殺人事件的作家，正在為新書《阿波鳴門殺人事件》取材時卻意外遭到殺害，「專門寫殺人事件的作家最後卻是被人殺死了，這還真是諷刺啊。」西村京太郎彷彿自嘲似的寫下這段的文字，讀到這裡也讓人感受到這位大作家的幽默。

　　嫌疑最大的作家經紀人矢口否認犯案，案情陷入膠著，在東京又發生一起殺人事件，似乎與本案有高度關聯，隸屬於東京警視廳的十津川警部受德島警方委託協助調查。十津川堪稱日本最勞碌（苦命？）的刑警，足跡幾乎走遍全日本，在大鳴門橋落成 4 年後的 1990 年就奉派來此辦案，2016 年更為了最新案件，從日本來到台灣，搭乘台灣高鐵前往台北、高雄、嘉義（阿里山）調查。他雖沒有金田一或名偵探柯南的神推理，但可靠、認真、務實的性格，也幾乎沒有破不了的案件，是我相當欣賞、也最熟悉的角色。

1

這類型的情節多著重於利用交通工具時刻表盲點所設計出來的詭計，兇手有著難以挑戰的不在場證明，這時十津川警部總是會用實際行動，現地走一趟來印證自己的假設是否正確。為了解決這次案件，他和最佳搭檔龜井（警部補），從東京搭新幹線到大阪、轉乘特急列車加渡輪，下船後再搭計程車來到這次的案發地點，確認兇手是走水路，而非一開始大家始終深信不疑認定速度絕對比較快的鐵道，最後終於找出兇手的破綻，瓦解其不在場證明。

當然，在千疊敷沒有看到如此恐怖的景象，白色的浪頭一如往昔拍打著層疊岩岸，景觀台只有一團日本旅行團在此，正歡樂的以吊橋為背景拍大合照。我站在展望台，想像著西村京太郎來此找尋創作靈感的畫面，還有十津川風塵僕僕從遙遠的東京趕來、為突破兇手詭計感到振奮的情景，旁人看來也許是無聊的空想，但透過這篇小說，讓我和直到90歲高齡卻仍手不輟筆的西村京太郎，以及虛擬小說人物十津川警部有了一次跨越時空的虛實交流，增添了旅行的樂趣。

千疊敷展望台

1 浪花拍打著千疊敷岩岸
2 千疊敷展望台　3 大鳴門橋下的觀潮船

渦潮汽船

　　沿著原路走回剛剛公車下車處，順著蜿蜒的道路而下，來到位於龜浦漁港的「渦潮汽船」（うずしお汽船）乘船處，一路是很輕鬆寫意的下坡，但也讓人對待會兒還要再爬坡走回鳴門公園搭車感到有些憂心。售票口位於一樓，兼賣各種土產，我們先拿著套票預訂 10:30 船班，已相當接近今天 11:00 滿潮時刻。

　　表訂發船時刻前 5 分鐘有專人帶領大家到碼頭登船，汽船噸位不大，約可乘坐 80 餘人，這一天雖非假日，也有約 6 成滿，足見這世界第一漩渦的魅力。離港時大家都乖乖坐在船艙內，隨著船隻逐漸接近大鳴門橋，開始有人往甲板移動，這時海面也越顯波濤洶湧，「請看左邊有渦潮形成！」，甲板上的工作人員提醒遊客。果然，一圈又一圈的漩渦出現眼前，「すげぇー」（好厲害），身旁的日本人也對於這景象讚嘆連連！

1 位於龜浦漁港的渦潮汽船乘船處 2 返航的渦潮汽船 3 渦潮汽船乘船碼頭 4 渦潮汽船船內空間 5 漩渦不斷生成與消失

渦潮汽船

🕐 8:00 ～ 16:30（冬季只到 16:00），每 30 分鐘一班
💴 大人 1,600 日圓、小孩 800 日圓
🏛 德島縣鳴門市鳴門公園龜浦漁港
🚌 搭鳴門市營公車在龜浦口站下車徒步 2 分鐘
🌐 http：//www.uzushio-kisen.com/

大潮日又遇上滿潮時刻，不時有大型漩渦出現，看似驚險，船長卻依然能以熟練無比的技術行駛，搭配精準的判斷，盡可能讓大家以更近的距離欣賞。每個漩渦大概僅維持 1 ～ 2 秒，不斷有新的生成又立刻消失，「稍縱即逝」最能貼切傳達眼前的景象。

搭乘在白色汽船上頗有乘風破浪的感覺，不過即便行船技術再好，終究是在洶湧的波濤上，站在甲板上難免顛簸，拍照時更是要緊握欄杆，不然大浪一來有可能會摔倒。船長在渦潮出現熱點繞了一大圈讓大家「滿喫」（充分享受）這天然奇景後，往碼頭駛回，這時已經有點快要暈船的感覺，還是腳踏實地比較好。

下船後從碼頭走回售票處，買了鳴門海帶芽和鳴門金時牛奶糖，結帳時問店員阿姨這附近有沒有公車站牌，因為實在不想走那段陡峭的道路，阿姨說：「有啊，沿著這條馬路直走 2 分鐘就有龜浦口站，下一班是 11:27，你們先在這裡等車，等會兒再走過去搭車就好。」

好厲害的阿姨，連時刻表都記得清清楚楚，我們好整以暇的先在此稍歇再緩緩走過去搭車，也讓鳴門之旅有個輕鬆的結尾。

1

大步危、祖谷吊橋

在德島縣內，除了北部有平原外，大抵是多山的地形，其中境內的劍山，和愛媛縣的石鎚山為四國地區最知名的兩大山脈，JR四國有兩列特急列車即分別以「劍山」和「石鎚」來命名。

多山的地形伴隨四國第一的吉野川，充沛水量將結晶片岩地質的群山侵蝕成陡峻溪谷，河床邊裸露白色的岩石，「之前來四國的時候是走土讚線，可以欣賞被稱為大步危、小步危的險峻景觀，是吉野川切割四國山脈所形成的美麗峽谷，其名取自大步走也危險、小步走也危險之意……」西村京太郎在另一短篇作品《戀念與復仇的德島鐵路》中，如此介紹大、小步危的由來。

的確如此，幾年前第一次來四國旅遊，搭乘特急列車行經大、小步危時，下著小雨的車窗外是滿山楓紅點綴溪谷、山麓間雲霧繚繞，帶著些許神秘

1 雲霧繚繞的大步危峽谷 2 搭乘麵包超人列車來到大步危 3 JR大步危站月台上迷你蔓橋（かずら橋） 4 JR大步危站是座無人站 5 兒啼爺是這個車站的妖怪站長

感，成了沿途最讓人驚喜的景致。熟悉日本文化的美國作家 Alex Kerr 在《消逝的日本》形容這裡「神似宋代山水畫中描繪的山景」，也許是受此影響，在大步危下車的乘客有很多是歐美的背包客。

第二次重遊四國，自然不再錯過這有日本三大秘境稱號的地方。大步危在行政區劃分上屬於德島縣，卻是從高知出發比較近，一早從 JR 高知站搭乘有「麵包超人」塗裝的特急列車「南風」6 號出發，約 40 分鐘就抵達秘境的玄關：「JR大步危站」。

車站月台設置了一座迷你版的「蔓橋」（かずら橋）供遊客拍照，靠近月台的車站入口，一尊有著怪異臉龐、身著稻草蓑衣的木雕像，是日本神怪傳說中的「兒啼爺」，被任命為這個車站的妖怪站長（也許真有此必要，因為 JR 大步危站是個無人站），站內的付費置物箱也貼著妖怪圖樣，在在都向旅客強調這裡是以妖怪傳說聞名的地方。

我們在站前搭乘四國交通公司的公車，是一輛車身有著藍綠線條、玻璃上貼有漫畫人物的可愛小巴，載著滿車的旅客（其實連同駕駛總共也才 11 位），沿著曲折的縣道往深山秘境前進。一路經過平家屋敷、秘境的湯、祖谷美人等頗吸引人的地名後，在「かずら橋ホテル前」（蔓橋旅館前）下車。

1

新祖谷溫泉
ホテルかずら橋

祖谷溫泉泡湯

　　站牌前是一家傳統旅館「新祖谷溫泉ホテルかずら橋」（新祖谷溫泉旅館蔓橋），只有我們兩人在這一站下車，司機還善意提醒並確認了一次，因為這離最多旅客前往的蔓橋還有一小段距離。

　　我敬仰的作家詹宏志先生在散文集《人生一瞬》中，提到多年前到四國旅遊，偶然入住這家旅館的經驗：

　　「突然間，柳暗花明似地，山路一個轉彎，讓我們豁然看到林中一座漂亮建築；車上正好也有其他兩位旅客下車，我跳了起來，毅然說：『我們在這裡下車。』」這座林中忽然出現的豪宅是一家很新的和式旅館，藏身深山美境之中，名稱就叫『Hotel Kazurabashi』，可見離著名的藤編奇橋應該不遠。……女將和藹可親地把我帶到一個房間，打開房門問說：『這間房間可以嗎？』怎麼不可以？我們從未看過這麼漂亮的房間……」

2

無論是女將的接待、房間、露天溫泉到餐點，無一不讓有數不清旅遊經驗的詹先生感到滿意，也難怪能在日本樂天旅遊上獲得超過 4.7 的高分。

我們沒有要住宿，是要來此體驗旅館的「天空露天風呂」。抵達時間尚早，櫃台人員表示 10 點才開放，所以只得在大廳稍歇，這段時間不時有房客和團體 check out，女將忙進忙出並鞠躬揮手送客，這時才恍然了解這「日歸溫泉」（即不住宿僅泡湯）服務是利用退房後的離峰時段供散客使用，不失為增加收入的好方法。

買好入浴券後搭電梯到三樓，穿過數間客房門前的走廊來到戶外，還要搭乘特殊的交通工具。露天溫泉位在半山腰，旅館特地建了一條近百米長的纜車軌道（cable car），車廂的外觀是小木屋造型，房客自行按鈕操作，即可搭乘前往。露天溫泉區域佔地不小，浴池及周邊的環境整理的井然有序，迎接這對今天最早的泡湯客。這裡有女生專用的「樹海之湯」、男生專用的「雲海之湯」，由我們各自獨佔享用，比較特別的是「筍之湯」，是個混浴池，這是第一次在日本看到傳說中的混浴，但沒有勇氣嘗試，讓浴池空在那裡。

1 山路一個轉彎就是新祖谷溫泉旅館蔓橋 2 在旅館櫃台購買入浴券 3 要泡露天溫泉要搭纜車軌道 4 纜車的搭乘月台 5 茅草屋造型纜車車廂 6 男生專用雲海之湯 7 雲海之湯浴池

這大概是我泡過最高的溫泉，過往曾住過北海道函館的「湯元啄木亭」溫泉旅館，名為雲海的大浴場位於十一樓，但和這裡比起來可真是小巫見大巫了。翠綠的群山環繞，似乎伸手可及，石頭砌成的池子，藍天白雲和蔥鬱森林倒映在冒著裊裊白煙的泉水上，還真有在空中泡湯的感覺，這一天已是來四國旅遊的第六天，連日來累積的疲勞也都隨著溫泉的滋潤消除殆盡。

浴池旁有棟傳統茅草屋頂木造的「半兵衛之家」，做為休憩室，裡頭還留有前一夜火爐燃燒木炭的味道，在此稍歇，喝杯來自地下湧泉的冷冽美水後再搭乘纜車離開。

回到一樓大廳櫃台，詢問該怎麼走到下一個景點，「往左手邊的方向走約 1.2 公里，很快就能到かずら橋。」櫃檯小姐帶著動作仔細的說明，我爽朗地跟她說了聲「謝謝」後，走出門口，大步往蔓橋方向前進。

 混浴筍之湯 女生專用樹海之湯 半兵衛之家

新祖谷溫泉旅館蔓橋

🕐 10:30 ～ 16:00
💰 大人 1,200 日圓，6 ～ 12 歲 600 日圓
📍 德島縣三好市西祖谷山村善德 33-1
🚌 JR 大步危站搭四國交通巴士祖谷線在「かずら橋ホテル前」站牌下車
🌐 http://www.kazurabashi.co.jp/

只能慢慢走的蔓橋

　　雖說是知名祕境聖地，這裡公車班次卻相當稀少。這裡容我再說一下詹先生退房後，旅館派車送詹先生全家到了蔓橋所遇到的事：

　　「他說要在橋邊等著載我們回旅館，但我反駁說：『我們不回旅館啦，我們要到神戶。』憂愁的司機說，那你們有傘嗎？天上開始下雨了。我樂觀而瀟灑地說，不用傘，我們到全世界哪兒都不用傘。憂愁的司機站在路旁向我鞠躬道別，我們開心地向他揮手說莎喲娜啦。」

　　也許看準日本是先進國家，詹先生樂觀看待後續的行程，但這裡畢竟是深山裡⋯⋯。

　　「雨真的大了起來，我們看著那座聞名的藤編繩橋，看著石塊轟隆隆往深處的河谷滾落，看著遠處迷霧中的水墨景色，我說：『算了吧，我們還是不要過橋了吧，反正已經看到了。』大家都同意了。但雨愈下愈大，三人都濕透了，我們終於找到巴士的站牌，一看時間表，我終於明白白手套司機的愁容是怎麼回事。那是山裡的巴士，班次不多，早上八點一班，九點一班，下午四點一班，五點一班，而我們此刻的時間是早上九點五十分，也就是說，我們必須要在深山中淋著大雨六個小時以後，才上得了車。」

讀到這裡，固然因為詹先生過於豪邁而覺得有趣，其實他的文字裡多少也帶有提醒要前往這秘境的旅人，最好還是能先掌握交通的意味。10數年過去，這裡公車的班次已有增加，但僅限假日白天（平均每小時有1班），平常仍維持少少的4班，只有時間調整得均勻些。我沒有詹先生壯遊的氣魄與經驗，為了能順利搭乘公車回大步危車站轉搭火車接續後面的行程，可是早早就查好時刻表（而信心滿滿）。

順著縣道行走，左手邊出現一個大型停車場及商場，稱為「かずら橋夢舞台」（蔓橋夢舞台），再往前走不遠處就可以看到被稱為日本三大奇橋之一的「蔓橋」。

與蔓橋平行有座鋼構水泥橋，可先一窺蔓橋全貌，只見走在橋上的人無不都低著頭、戰戰兢兢的緩步前進，步履間帶著畏縮與猶豫，模樣有些滑稽，直到在售票亭買了入場券、實際站到蔓橋上，才體會到這些人為什麼都走得如此蹣跚。

這座被日本政府列為重要有形民俗文化財的奇橋，其實蘊含著先人的智慧，據說起源來自日本平安時代，平家一族在「源平合戰」（1180～1185年）中落敗，逃至祖谷，為避免源氏家追擊，遂以藤蔓造橋，如此隨時可以斷橋阻止敵人入侵。位在深山的祖谷，生活環境相當嚴苦，且有眾多斷崖河流阻礙通行，後來居民逐漸架起這種形式的橋，在1800～1900年前後最多曾有13座，是住在深山峽谷地區居民最重要的交通設施。

1 蔓橋售票亭 2 蔓橋夢舞台 3 4 蔓橋 5 琵琶瀑布

蔓橋所使用的藤蔓來自一種稱為「軟棗獼猴桃」（サルナシ）的植物，採自高知縣深山，要直徑 2 公分、長度達 5～10 公尺才符合採收使用的標準，使用的材料重達 6 公噸。由於現在每年有多達 30 萬遊客通行，加速磨耗的速度，每 3 年就會更換一次，並選在嚴寒人少的冬季進行，由技術精巧的職人編織施作，讓這項傳統技藝得以持續傳承，最近一次更換是在 2021 年 2 月份。

吊橋形式的蔓橋跨過祖谷川，全長 45 公尺、寬 2 公尺，距離河床高達 14 公尺，走起來當然是搖搖晃晃有些驚險。尤其橋面僅用一根根的木條，每根間隙超過 15 公分，如果沒計算步幅、確確實實將木條踩在腳底下，就有踩空的危險，下面可是滿佈岩石的河床呢！就算是沒有懼高症的我，也如履薄冰地以最穩健的步伐走著，深怕哪個腳步沒踏好。這時已經可以完全理解剛剛渡橋者的心情，也更能體會走大步也危險、走小步也危險的真正涵義了（雖然這兩處地名的由來不是因為這座橋）。

費了一番功夫好不容易才走到對岸，左轉幾步路是一座高達 50 公尺的瀑布，名為「琵琶瀑布」（琵琶の滝），傳說是落敗逃到此地的平家人會在這裡彈奏琵琶相互慰藉，瀑布因而得名。

瀑布有著充沛水量、由上往下傾瀉，帶著淅瀝轟隆的水聲，規模雖無法和許多大瀑布相提並論，但就近在眼前，視覺聽覺都很震撼，空氣間飄散著水花和無數負離子，堪稱能量場所，是不可錯過的景點。

再過十幾分鐘就是 12 點，我們往回走找到 JR 四國交通公車的「かずら橋」站牌，為了安心起見，先確認一下時刻表。看到預定要搭的 12:10 前怎麼多了★號，且沒有任何人在排隊等候，這時才驚然發覺不妙了，星號表示假日行駛，但這一天是星期三啊，也就是說這班車今天沒・有・行・駛，換言之，誤把假日的班表當成可搭乘的班次。這下可好了，雖然不用淋雨、也不像詹先生一樣還要等 6 小時才會有車來，但如此一來，就銜接不上已劃位的特急列車，並且會連鎖影響到後面的既定行程。

這時隱約想起剛剛好像有看到另一支村營公車的站牌，快步走去碰碰運氣，只見一輛車身寫有「三好市」的白色廂型車正停在站牌前，鼓起勇氣拉開車門詢問有沒有到大步危車站，答案是有的，我們趕緊上車。

車上只有我們兩個乘客，駕駛是位頭髮已然有些花白、年約 60 歲的阿伯，穿著西裝，雙手戴白色手套，專注的開在曲折山路間。回程的路途和來時不太一樣，車子會開進村子裡，有時走在狹窄的產業道路，行經散落其間的村落，這光景和進到台灣山區一些原住民部落極其類似。路線如此規劃是很合理的，因為這是利用村子裡的預算闢駛的自營路線，主要用來服務當地住民，並非觀光路線。

行駛時間非常準時，抵達站牌時司機阿伯會確認手錶，並待時刻到了才會開車，途中還停靠在一處位於村子中心的「村營公車待合所」（候車站）約 3 分鐘，只是自始至終，都沒有其他民眾上車，一路只載著 2 個乘客行駛到 JR 大步危站。下車時問阿伯每人車資多少錢，「920 円です。」阿伯確認金額後將錢投入票箱，比一般公車略微貴了一些錢，但我們等同於包了一輛整理的一塵不染的廂型車，還有技術老練的專屬駕駛，實在是很超值。

三好市村營公車

蔓橋

🌓 日出～日落
🈚 全年無休
¥ 大人 550 日圓，小孩 350 日圓
🏯 德島縣三好市西祖谷山村善德 162-2
🚌 搭四國交通公車在かずら橋站牌下車
🌐 https://www.awanavi.jp/site/midokoro/kazurabashi.html

一～三番靈場半日體驗

到四國八十八所靈場參拜，是一項很好的行程，這些地方充滿了能量，能親近佛法，可為自己或是家人祈福，徒步行走遍路道亦可當成一種自我挑戰。不過要一次走完分佈在四國各縣的八十八所靈場，總路程長達 1,200 ～ 1,400 公里，對時間、體力和預算都是不小考驗的負擔。

如果你的時間並不充裕，卻也想體驗遍路，感受 1,200 多年前空海大師徒步走過的足跡，可以選擇距離德島市區不遠的第一番靈山寺，一路行經第二番極樂寺，到第三番金泉寺，來一趟遍路入門之旅，也可以確認自己是不是對這樣的行腳方式有興趣。

第一次看到有人穿著白衣，頭戴斗笠、背有白色寫著「同行二人」的側背包（頭陀袋）、手杵著金剛杖這樣的裝束，是 2011 年到高野山參拜時遇見，當時只覺得他們好虔誠，並不知道其實這和四國遍路有關。

（註：高野山是空海大師入定的聖地，許多人在走完全程到第八十八番大窪寺結願後，會從四國渡海來到高野山奧之院向空海大師報告，作為四國遍路的終點。空海大師在高野山入定後，醍醐天皇贈予「弘法大師」的諡號，後人多以此諡號尊稱大師）

對於遍路會產生好奇、進而開始研究，是在安排四國旅遊的行程時，因為總是三不五時就會看到遍路的相關資訊，隨後在網路上收看多年前由NHK製播、江口洋介和戶田菜穗主演的《迷路的大人們》（ウォーカーズ~迷子の大人たち），一部完全以遍路為主軸的日劇，描繪了9個大人們一同透過徒步行走遍路八十八所，思考家庭、婚姻、親子關係、職場、人生……的故事，全劇在四國各靈場實景拍攝，透過這些畫面，對於遍路有了更具體的想像。看著江口洋介與旅伴每天不斷和永無止境的走路奮戰，開始在腦海裡描繪了自己穿起遍路者的白袈裟、杵著拐杖走在四國遍路道上的想像。

前往板東站

這天上午結束了到鳴門看漩渦的行程，從鳴門公園搭乘公車回到JR鳴門站，因為下雨的關係，公車有些延誤，無法搭上原先預定要搭乘的電車班次，看來要利用公車轉乘鐵道，時間還是不能抓得太緊。

鳴門雖有著名聞世界的漩渦，但鳴門車站所在的JR鳴門線屬於支線，平均每小時只有一班車，公車只稍晚了幾分鐘到站，就錯過了原本預定要搭的電車，因此也多出近一個小時等車的空檔。

但這樣的安排也許是好的，得以在鳴門車站旁先享用午餐，儲備下午走遍路所需的體力。這附近不是很熱鬧的商業區，所幸站前左手邊有藥妝店和超商，也有餐廳「餃子的王將」和「德島拉麵ふく利」，我們選了後者，品嚐在地美食。

德島拉麵的湯頭是用豚骨熬煮，

再以醬油為主要調味方式，顏色呈現茶褐色，和九州拉麵的乳白湯頭有很大的差異。這家ふく利的拉麵口感不會太濃，略帶點滷肉湯汁的滋味，生意頗佳，是德島當地主要拉麵店家之一。

午餐後走回 JR 鳴門站，在自動售票機購買往板東的車票。先搭乘普通電車到池谷站，電視版《眉山》第一集常盤貴子就是在此下車。池谷站是 JR 鳴門線和 JR 高德線的交會站，兩條路線的月台呈現特殊的 V 字型交會，在此下車後，快步走上聯結兩條路線的天橋，轉搭已經停妥在月台上、一輛只有一節車廂的普通車前往 JR 板東站。

1 德島拉麵ふく利　2 V 型月台的池谷站
3 板東站　4 列車離去後瞬間恢復寧靜的板東站月台

第一番靈山寺

在池谷站轉乘後很快就抵達板東站，因為只有一站的距離。僅有少數幾個人下車，電車駛離後立刻恢復寧靜，月台上一座橘紅色大麻比古神社鳥居，點綴了周遭的景觀。JR 板東站是個無人站，質樸的白色木造車站看來頗具歷史。

原以為作為離四國遍路八十八所起點靈山寺最近的車站，會有地圖資訊，結果什麼都沒有，先出站再說吧。

車站前有個穿著圍裙的阿姨看到一副滿臉疑惑的遊客，主動趨前詢問：「是不是要去走遍路？順著地上綠色的標線走就可以走到靈山寺了，路上請小心喔！」說完才走回一旁的什錦燒店內。

看來前輩們講得沒錯，遍路道上總是有許多人在幫忙著，這也是四國人民長期接待遍路者所留下來一項很好的傳統。

正式踏上遍路的朝聖旅途，心中是滿滿的興奮，在腦海中浮現了好久的情景，終於實現了。板東車站距離靈山寺約1公里，經過的是住宅區，路程算不上複雜，且有了這綠色標線更加方便，完全不用看地圖，一路準確地引導著參拜者到寺前的大馬路口才停止。

先在山門朝內合掌鞠躬，進入靈山寺後，在手水舍洗手，然後到鐘樓敲鐘。遍路八十八所的參拜是有一定順序的，行前也做了不少功課，大致知道流程，但實際要正式參拜時，就呈現新手的手忙腳亂了，先是分不清楚本堂和大師堂，也無法將祈福的納札投入納札箱，因為兩手空空，根本還沒有準備參拜所需的相關用品。

遠從台灣千辛萬苦來到第一番札所當然不能潦草參拜了事，正困惑該怎麼進行下去時，找到位在本堂旁的納經所及販賣店，還是先採買遍路巡拜用品吧。靈山寺是發心的起點，遍路用品一應俱全，許多要上路的遍路者都會在此買齊。

[6]

[1] 從板東站出來地上的綠色標線是最好的指示 [2] 綠色標線一路引導到靈山寺前 [3] 靈山寺山門 [4] 靈山寺多寶塔 [5] 靈山寺鐘樓 [6] 水池的小菩薩 [7] 靈山寺納經所及遍路用品賣店 [8] 靈山寺水池 [9] 靈山寺本堂 [10] 靈山寺大師堂

我們買了背後寫著「南無大師遍照金剛」的笈摺（即短袖白衣）、輪袈裟、納經帳、納札、經本《佛前勤行法則》、遍路道保存協力會編印的《四國遍路一人徒步同行二人地圖篇》及《解說篇》，結帳後隨即換上遍路者的服裝，回到本堂，以恭敬虔誠的心來參拜。

遍路八十八所的參拜順序大致可分成 10 個步驟，整個過程約需 30 分鐘，有時納經所會同時來很多參拜者，譬如正好遇到巴士遍路者，就會費時較久，要耐心排隊。另外，納經所開放時間是上午 7 點到下午 5 點，不要晚於這個時間前往。

[7] [8]

[9] [10]

遍路八十八所的參拜順序

01 在山門前先整理服儀，合掌行禮，再進入境內

02 在手水舍清洗雙手及漱口

03 到鐘樓堂以恭敬的心緩緩敲鐘

04 到本堂將納札投入納札箱，納札上要寫日期、姓名及地址

05 點蠟燭、線香。點蠟燭時不要引其他人已點燃的燭火，才不會將別人的「業」帶給自己，蠟燭點好後從最裡面開始放是基本禮儀

06 投入賽錢（即香油錢），金額依個人的心意

07 誦經（註），先合掌禮拜，接著開始唱誦「開經偈」、「般若波羅蜜多心經」、「御本尊真言」、「光明真言」、「御寶號」（南無大師遍照金剛），最後記得「回向文」

08 到大師堂，將 4 ～ 7 的順序重複一遍

09 至納經所納經、蓋朱印，取得御影

10 離開時走到山門外，再回頭行禮

（註：誦經的順序有幾種說法，這裡是依據「遍路道保存協力會」編印的解說篇的內容）

大致依這個順序進行參拜，有時會省略點蠟燭、線香，誦經則以「佛前勤行法則」的內容為主，唱誦開經偈、懺悔文、三歸、三境、十善戒、心經、回向文。其實解說篇裡也有提到，誦經內容並非一定要依前面提到的內容不可，唯有心經和御寶號是不可少的。

有點手忙腳亂的在本堂參拜誦經後，之後到大師堂時就流暢多了。接著本該回到納經所，請寺內人員在納經帳用墨書和蓋朱印，不過或許到靈山寺參拜納經的人數眾多，在這裡所購買的納經帳已經先在第一番的頁次上寫好，稍稍減少親手拿給寺務人員、欣賞書寫揮毫的樂趣。

全名「竺和山 一乘院 靈山寺」是聖武天皇在位時（西元 724～749 年），勒願請行基菩薩開創。後來弘法大師到四國宏揚佛法，為了淨化眾生的煩惱，在這裡修法講道 37 天。弘法大師說法時，當地許多僧侶圍繞聽講，這樣的光景如同佛陀當年在天竺靈鷲山說法，就像天竺的靈山移到了和國日本，「竺和山 靈山寺」因而得名。

靈山寺本堂內吊掛許多燈籠，透著橙黃色燈光，將空間營造出莊嚴的氣氛，是一大特色；本堂附近有座形狀類似鳥居的牌樓，上頭以書法豪氣寫著「發心」兩字，象徵這裡是「發願之寺」、「同行二人」長途之旅的起點；進來山門後位於左側的多寶塔是境內最高的建築，已有六百多年歷史，一旁泉水池裡幾尊雙手合十的可愛小菩薩雕像，都是值得細細觀察品味的地方。

第一番　靈山寺

德島縣鳴門市大麻町板東塚鼻 126
JR 板東站下車徒步 10 分鐘

1 靈山寺本堂的燈籠是一大特色　2 寫著發心起點的牌樓（羅伯特攝）

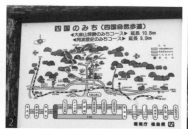

第二番極樂寺

參拜第一番靈山寺，由於是新手上路，加上採買遍路用品，比預期多花了些時間，決定要加快步伐前往「極樂寺」。走出靈山寺山門先回頭行禮，往右走沒幾步就停了下來，因為被一旁的「靈山寺門前一番街」吸引了目光。

用越光米和栗子做成的草餅是門前一番街的名物，向店員點了一組，找個位置坐下來，隔壁桌一對夫婦也是剛參拜完的遍路者。稍微休息一下，喝杯熱茶，品嚐剛烤好的草餅，同時整理資料，並將待會兒會用到的納札先寫好。門前一番街的賣店也有販賣遍路用品，種類相當齊全。

極樂寺距離靈山寺約 1.2 公里，沿著 12 號縣道走，人行道平整好走，沿途也有許多遍路道專用的紅色小人標示。這段路是當地著名的歷史步道，如果時間充裕的話，還可以轉進大麻比古神社，以及位於大麻山的奧宮神社參拜。

對徒步遍路者來說，這段路是非常輕鬆的，我們也只花了約十分鐘就順利抵達極樂寺。進入朱紅色的仁王門，不像人來人往的靈山寺，境內顯得幽靜。有了剛才的參拜經驗，這次熟練許多，登上石階前往本堂和大師堂，很快就完成誦經。

1 靈山寺門前一番街 2 靈山寺到金泉寺地圖 3 靈山寺到極樂寺沿路是好走的縣道 4 極樂寺山門 5 極樂寺大師堂 6 極樂寺境內 7 極樂寺內弘法大師手植長命杉 8 極樂寺納經所 9 極樂寺納經所兼賣遍路用品

極樂寺同樣由行基菩薩所開創，境內有一棵由弘法大師親手種植的「長命杉」，樹齡已有 1,200 多年，樹高約 31 公尺、周圍約 6 公尺，觸摸長命杉據說可祈求家內平安、病氣痊癒、長壽，是一棵歷經千年風霜、依然展現旺盛生命力的靈木。寺方用紅白色的帶子圍繞樹幹，並將兩端延伸到圍籬外，只要觸摸就可以感受到長命杉的靈氣。

這裡的納經所在仁王門旁，同樣兼賣店，販售各種遍路用品。我恭敬的將納經帳遞給寺務人員，負責納經的阿姨正在喝水，或許覺得自己的模樣有點失禮，連忙說不好意思，接著馬上調整回專注的神情，仔細用毛筆書寫並蓋朱印。

這時已接近 4 點，阿姨問我們是不是要繼續到第三番金泉寺，並提醒要稍稍走快一點，不要晚於 5 點，不然會錯過納經所的時間；另一位負責販賣店的阿姨知道我們是外國人，拿了兩個鈴鐺相送，並滿臉笑容的祝福旅途平安。

走出仁王門，看了一下指標，原本打算直走回 12 號縣道繼續前進，這時一位穿著白衣的遍路者跑了過來，邊用動作邊問我們是不是「by walk?」「Yes.」「This way.」這位先生手指右邊，示意直接右轉走小路。我們的遍路之旅雖然才短短走了兩所，就不斷接受到許多善意和協助。

| 第二番　極樂寺 |

🏯 德島縣鳴門市大麻町檜字段の上 12
🚶 從靈山寺徒步約 12 分鐘

第三番金泉寺

　秋老虎發威，氣溫仍然偏高，但時序已過秋分，日照時間逐漸縮短卻已是不可逆的現象，這裡離金泉寺 2.7 公里，不能走太慢。往第三番礼所「金泉寺」的路起初有段小上坡，會先經過一處墓園，接著就接入平面道路進到「板野町」，附近以住宅居多，路程有些蜿蜒，背包裡雖有方才在靈山寺購買的遍路地圖，我選擇以留意沿途不時會出現的紅色小人和遍路道指標的方式引導前進。

　德島鄉間住宅都是稱為「一軒屋」的獨棟形式，就像是《哆啦A夢》裡大雄的家。有些住家在庭院種植的當地特產「酢橘」（すだち）已結實累累、隨時可以採收，路旁稻田飽滿的稻穗低頭迎著微風搖曳，偶爾會遇到剛下課騎著腳踏車的學生從身旁經過，鄉間小路非常乾淨好走，邊走邊想想事情，時間也不難熬，有一段路指標的間隔較長，有點猶豫，經過高速公路下方涵洞後就又再次看到指示，確認沒有走錯路。

5

大約花了 35 分鐘走完這段路程，順利抵達金泉寺，白衣已然濕透。金泉寺原名「金光明寺」，弘法大師在四國巡教說法之際，村莊原本飽受日照不雨之苦，在這裡挖了一口井，開始湧出豐沛的水源，稱為靈水，之後寺名改為金泉寺。

傍晚這個時間來參拜的人已經很少，我們得以更靜心的參拜誦經，今天從一大早就出門觀光，照理說到現在身體應該也有點疲累了，但在本堂和大師堂前仍能精神專注的誦經參拜，心中也獲得滿滿的能量與喜悅，一定是感受到佛菩薩及弘法大師的護持與庇佑吧。

1 金泉寺山門 2 結實累累的酢橘（すだち）3 往金泉寺沿路指標 4 金泉寺手洗舍 5 金泉寺納經字樣 6 7 8 9 金泉寺境內

第三番　金泉寺

🏯 德島縣板野郡板野町大字龜山下 66
🚌 從極樂寺徒步約 40 分鐘

7

8

6

9

離開金泉寺前,一對駝著背、年紀很大的長者,穿著遍路者的白衣前來參拜,老太太行動緩慢,老先生細心牽手陪伴,相互扶持的背影,讓人印象深刻。

在仁王門前回頭深深一鞠躬,結束今天遍路的體驗,準備往 JR 板野站移動,不過走了兩個路口就身陷住宅區街道,不知道該怎麼走下去,有些猶豫、也不知該問誰,一位老婆婆看我們一身遍路者的裝扮,特地從家裡走出來主動詢問指引,讓我可以順利找到車站。上午原先是陰雨的天氣,開始走上遍路,天氣開始好轉,一路上還受到許多人熱心的幫助,的確,「同行二人」是真的,四國人的友善也讓我們溫暖在心。

如果你沒有很多時間走完遍路,也許可以安排一趟第一番到第三番的遍路半日小旅行,就能親自體會這條每年吸引數十萬人前來行走的遍路道魅力。

1 金泉寺本堂 2 金泉寺大師堂 3 離開金泉寺前遇到一對相互扶持的老夫妻

阿波舞祭

夏季狂熱

在四國，沒有任何一個祭典的盛況可以和「阿波踊り」（阿波舞祭）比擬。

阿波舞已經有超過 400 年的歷史，充滿古人的熱情，加上現代各種創意，傳承延續至今，是德島最引以為傲的傳統舞蹈，阿波舞祭每年固定在炙熱的 8 月 12 日～ 15 日舉行（8 月 11 日會舉辦前夜祭），是一場「真夏的祭典」。

參加阿波舞祭的「連」（隊伍）都歷經長時間的練習，要在此時展現成果，這幾天全德島只有一件事，就是阿波舞，所有人都歡欣喜悅地跳著舞，當地有句話這麼形容：「跳舞的是傻瓜、看的也是傻瓜，既然都是傻瓜那就盡情跳舞吧！」祭典期間觀光客從日本各地湧入，如果沒有提早個大半年（人氣旅館甚至得提前一年）預約，根本別想在德島市區找到住宿。

JR德島站

德島市觀光泊宿案內所

藍場浜前
演舞場

新町橋
演舞場

amico

阿波舞
綜合案內所

城山
德島中央公園

市役所前
演舞場

阿波舞會館

東新町前商店街

新町橋

藉町三

兩國橋

兩國本町
演舞場

南內町
演舞場

紺屋町
演舞場

JR牟岐線

☆ 付費演舞場
○ 免費演舞場

阿波舞祭舉辦期間每天晚上6點～10點30分熱鬧開演，是德島最華麗的夜晚，在「藍場浜演舞場」、「市役所前演舞場」、「紺屋町演舞場」、「南內町演舞場」共設置4處有料的演舞場，另外在「兩國本町演舞場」及「新町橋演舞場」則可免費觀賞，

6個表演場地全部都在JR德島站的徒步範圍內。有料演舞場的門票可在日本的便利商店、網路預購，當日購買也可以（只要還有座位的話），門票價格依位置的不同，從1,000日圓到5,000日圓不等（當日票），如果門票售罄，就只能到無料演舞場觀賞了。

1 2

3

每個連都用盡巧思，在服裝顏色、紐帶、配件上做變化，女舞者身著傳統浴衣、腳穿前端傾斜著地的木屐、頭戴編笠，臉部表情若隱若現，雙手高舉過頭，有點像是揮舞手刀的手部動作，動作婉約精巧，配合笛、鉦、三味線及各式太鼓的傳統音樂節奏，整齊劃一優雅律動；男舞者頭上包著毛巾綁在鼻子下方（有點像是小偷的裝束），多以半蹲姿態，時而滑稽、時而勇猛，有些連的男舞者會演出令人讚嘆的高難度動作，總能炒熱並帶動現場氣氛。

在動輒高溫 34、35 度的盛夏，要長時間表演這些舞步絕對不是輕鬆的一件事，舞者無不大汗淋漓，但大家臉上始終掛著微笑，以一生懸命的姿態盡情演出。

4

5

德島阿波舞祭

https://www.awaodorimirai.com/

1 2 阿波舞祭 3 須賀連 4 さゝ連 5 天水連

香川

徳島

愛媛　高知

香川縣

世界的高松

以「烏龍麵縣」（うどん県）為暱稱的香川縣，對於烏龍麵的喜好及投入，放眼日本無其他地方能出其右。除了這道國民美食，這個位在四國東北方，隔著瀨戶內海與本州隔海相望的小縣，是許多文學、電影作品偏愛的地方。

被楊照評為是村上春樹最好、也最值得耐心遊逛的長篇小說《海邊的卡夫卡》（海辺のカフカ），書中那位選擇做自己，勇敢去探索自己的命運，於是在 15 歲生日來臨時離家出走的少年，來到一個遙遠陌生的地方，並在一座小小圖書館的角落度過一段日子，那個比東京再更南方，被海隔離於本土之外，氣候也溫暖的地方，正是高松（故事中那座甲村紀念圖書館則是一處虛構場景）。書中村上春樹透過少年的眼睛，描述這個或許連許多日本人都不一定熟悉的地方：

「鐵道穿過大樓成排的繁華鬧市，穿過商店住宅混合區，通過工廠和倉庫前面。……我把臉貼在窗上，熱切地眺望著陌生土地的風景。一切的一切在我眼裡都顯得很新鮮。……鐵路沿著海岸跑一陣子之後進入內陸。有高高的茂密玉米田，有葡萄棚架，有開墾斜坡地種植的柑橘園。很多地方都有灌溉用的水池，反射著早晨的光線。蜿蜒流過平地的河水看起來涼涼的，空地被綠色夏草覆蓋著。狗站在鐵道旁，看著通過的電車。眺望著這樣的風景時，溫暖安穩的想法重新回到我心裡來。」

很有村上風的文字描繪，相信已經讓遍布世界的眾多讀者，對高松有了具體的想像畫面，有朝一日會想跟著去一探究竟。

另一部作品則是片山恭一寫的純愛小說《在世界中心呼喊愛情》（世界の中心で、愛をさけぶ），描述一段高中戀人純純的愛情故事，女主角廣瀨亞紀不幸罹患白血病、還沒畢業就過世，男主角松本朔太郎即便年過 30，對亞紀卻始終難以忘懷……，故事情節簡單卻打動人心，小說於 2001 年出版，共累積發行超過 3 百萬冊，創下日本史上最高的小說銷售記錄。

片山恭一在小說中沒有很明確交代故事的舞台，一般均認為是以他成長的故鄉愛媛縣宇和島市為背景所寫成。小說在 2004 年搬上大螢幕，由大澤隆夫和長澤雅美主演，導演選擇的場景主要集中在高松市庵治町，反而鮮少有愛媛的畫面。雖然小說中所指稱「世界的中心」是指澳洲艾爾斯岩，並不是高松，不過這部紅極一時並創下超高票房的電影，讓許多影迷前仆後繼地追逐到高松，也使得原本有些沒沒無聞的庵治町一躍成了純愛聖地，成為戀人們眼中的世界中心。

　　除了烏龍麵、文學和電影，這幾年香川縣以「瀨戶內國際藝術季」在藝術界搶盡風頭。三年一度的藝術盛會，2022 年是第五次舉行，在瀨戶內海的 12 座島嶼，包括直島、豐島、女木島、男木島、小豆島、大島、犬島、沙彌島、本島、高見島、栗島、伊吹島，以及高松港、宇野港周邊，分成春、夏、秋總共超過 100 天的展期，吸引來自世界各地追逐藝術的旅客，跳島參訪，成功的「瀨戶內國際藝術季」可說已經讓小小的香川，在世界大大嶄露頭角。

啥米！香川縣是日本第一？

略 為了解日本地理的人，都知道日本有一都、一道、二府、四十三縣，總共四十七個行政區，其中北方大地北海道面積最大（足足有台灣的 2.3 倍），也廣為人知，那最小的行政區是哪裡，恐怕很多人就答不出來了。

位在四國右上方的香川縣有一項日本第一，就是日本最小的行政區。一般來說，大都會面積通常較小，鄉下會比較大，但香川縣的面積卻只有 1,876 平方公里，僅有北海道的 1/45，比東京都、大阪府、甚至離島沖繩縣都要來的小，有點讓人出乎意外。

面積雖然是日本最小，香川卻擁有許多特別的日本第一。

作為日本正宗讚岐烏龍麵的發祥地，香川縣內的烏龍麵店密度全國最高，比平均值遠遠高出 3.4 倍，足見縣民對烏龍麵的喜愛，不乏每天都要吃烏龍麵的縣民，也使香川縣的烏龍麵家戶消費金額登上日本第一，「うどん県」果然當之無愧。

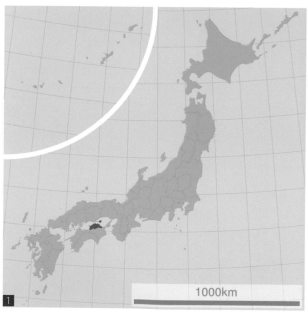

1000km

1 香川縣 2 3 香川縣民對烏龍麵的喜好無其他地方能出其右

1 高松鬧區的中央商店街全長達 2.7 公里，日本第一　2 丸龜町商店街
3 世界最窄的海峽　4 瀨戶大橋（羅伯特攝）

　　香川縣廳所在的高松市還有一項榮登日本第一，就是位在鬧區的中央商店街，全長達 2.7 公里，兩旁聚集約 1 千個店舖，保證逛都逛不完。位在這條商店街上的「丸龜町壱番街」有個挑高的穹頂（ドーム），高度在日本的商店街中也是第一，充滿現代感與時尚的意象，已經成為高松商店街的象徵。

　　另外，連接香川到本州的瀨戶大橋，以六座橋樑串連海上五座島嶼，是全長 9.7 公里的巨大工程，是一座可行駛車輛和電車的兩用橋，規模是日本第一，搭乘電車跨海而行，宛如飛越瀨戶內海上空，車窗外景色絕佳。

　　香川縣內還有全日本海拔最低的一座山，名為「御山」，位在東香川市的白鳥神社，標高只有 3.6 公尺，是一座不管爬幾次都沒辦法減肥的小山。香川縣瀨戶內海國立公園內的名勝「琴彈公園」裡，還有一枚大到絕對拿不起來的錢幣，這顆用白砂作成的「寬永通寶」砂繪，東西長 122 公尺，南北長 90 公尺，圓周達 345 公尺。據說是在 1633 年（寬永 10 年），當地為了歡迎藩主生駒高俊到來，在一夜之間做成的，是一枚超巨大的錢幣，不只是日本第一，更是世界第一大。世界最窄的海峽也位在香川，就在小豆島上。

　　拿下這麼多的日本第一頭銜，看來香川縣土地面積雖小，有許多地方還真是滿厲害的呢！

微笑車站 高松站

1 JR 高松站從外面看是一個笑臉　2 快速 Marine Liner(左) 以及特急列車いしづち （石槌）

JR 高松站是四國第一大站，無論乘車人數或是列車發車數都居四國各站之冠，也是連接四國和本州岡山間最重要的一站。

第一次抵達 JR 高松站時，月台上正停靠著要前往岡山的快速「Marine Liner」，以及要開往松山的特急列車「いしづち」（石槌）。除了是與本州連繫的重要車站，從四國其他三縣縣廳所在地（松山、高知、德島）發出的特急列車亦均會停靠 JR 高松站，是一次欣賞 JR 四國各種車款最方便的車站，加上終端式月台設計，不用走天橋或地下道就可以往來各月台，深受「撮り鉄」派（即專攻鐵道攝影）的鐵道迷喜愛，月台上也有麵包超人看板，迎接每一位過往乘客。最厲害的是，JR 高松

站從站前廣場進入車站內直到月台，一路都是平的，沒有任何一層階梯，非常少見，堪稱是最友善的車站。

JR高松站是一座新穎的車站，於2001年啟用，挑高的車站大廳採全玻璃帷幕，採光良好，從外面看，車站被佈置成一個笑臉，並用英文寫著「Shikoku Smile Station」（四國微笑車站），看了就讓人心情很好，不禁跟著它一起微笑。車站還有一個暱稱是「さぬき高松うどん駅」（讚岐高松烏龍麵車站），2012年7月還曾以這個站名販售限量的入場券（即月台票），用來推廣烏龍麵和「うどん県」（烏龍麵縣）。

站前廣場左側是利用早先高松貨物站整建後的大型開發區：「サンポート高松」，有四國最高建築物、樓高30層達151公尺的「高松地標塔」（高松シンボルタワー），裙樓有許多商店，頂樓則有無料的展望空間，可以綜觀高松市街、遠眺瀨戶內海的風景，是非常受歡迎的設施。一旁還有JR四國所經營、四國地區規模最大的「JR Hotel Clement高松」，樓高也有20層，這些新開發案讓高松展現出作為四國玄關的氣勢，呈現大都會的樣貌。

在JR高松站的月台等車時，還有非常好聽的聲音，是「JR予讚線」最具特色的列車到站警示音樂：「瀨戶の花嫁」（瀨戶的新娘），這是一首許多日本人都耳熟能詳的國民歌曲，曾經由鳳飛飛翻唱為「愛的禮物」。

日本的鐵道系統導入到離站音樂不是什麼新鮮事，但和其他地方不同的是，或許 JR 四國的列車班次較少，瀨戶の花嫁到站音樂一播就將近 30 秒，相當完整。除了 JR 高松站外，鄰近瀨戶內海的 JR 予讚線幾個車站，包括坂出站、丸龜站、多度津站、觀音寺站、伊予西条站、今治站，還有岡山站，都可以聽到這首連台灣人都耳熟能詳的名曲。

1 JR 高松站前廣場　2 JR 高松站車站大廳
3 傍晚的 JR 高松站　4 高松地標塔（高松シンボルタワー）是四國最高建築物

金刀比羅宮

搭乘特急列車來到 JR 琴平站

JR 琴平站

到四國有沒有必訪的景點？位於香川縣琴平的「金刀比羅宮」絕對是其中的首選，這裡自古以來就是許多日本人一生至少要來參拜一次的聖地。

從 JR 高松站出發，搭乘往高知方向的特急列車，大約 35 分鐘的車程，就可以抵達 JR 琴平站。一座與金刀比羅宮密不可分的車站，是 JR 琴平站給人的第一印象。一下車就會看到書法寫的「こんぴら參拜下車駅」（金刀比羅參拜下車車站）字樣，車站剪票口一律都是代表金刀比羅宮黃底紅色的「金」字，簡單明瞭，車站內隨處可見與金刀比羅宮相關的元素，加上木製座椅，讓這座完成於昭和 11 年（1936 年）的車站，有著和其他車站不同的氣息。

車站外觀是具有西洋風味紅瓦尖塔造型，已經被登錄為國家有形文化財。站前有一對守護車站的石獅和整排石燈籠，讓車站有著濃厚的宗教氣息，是一座值得慢慢駐足欣賞的老車站。

　　沿著車站正前方筆直的道路直行，一開始有些冷清，不過很快就會看到另一座以琴平為名的車站，是「高松琴平電氣鉄道株式會社」經營的「琴電琴平站」，車站規模較小，但建築外觀比起 JR 琴平駅更有日本風味。月台上停靠一輛黃白車身的列車，看來也是採用金刀比羅宮的基本色調。

　　其實在大正及昭和年間，琴平當地曾有多達四家鐵路公司在此設站，包括已經轉型經營公車的「琴平參宮電鉄」（琴參），以及併入琴參的「琴平急行電鉄」（琴急）。這段鐵道百家爭鳴的歷史，說明了金刀比羅宮的人氣有多旺，這兩家鐵道公司所留下的片羽遺跡，如今也成了「廢鉄迷」所熱衷考究的夢幻鐵道題材。

1 JR 琴平站　2 JR 琴平站正面

閒適的前段 1 ～ 364 階

過橋走到 T 字型路口左轉，沿途開始有商家，跟著人潮走，不太容易走錯路。經過一個停車場後右轉，就是表參道，從這裡到金刀比羅宮入口階梯這一段路人開始多了起來。表參道兩側有各式店家，包括土產、甜食、餐飲店，雖然心動，不過想到還有 785 階梯等在眼前，還是先不要受誘惑，趕緊前往接受挑戰才是真的，要逛，等一下回來時再說吧。

當地人習慣稱之為「金毘羅樣」（こんぴらさん）的金刀比羅宮，最大特徵就是有超多石階，到本宮是 785 階，到更上面的奧社則是 1,368 階，所以要是沒有好體力，走起來可是會有點辛苦。

表參道的盡頭出現第一段的石階，許多人都會先在此面帶笑容拍張照做為紀念（不過漸漸的爬到後來就笑不太出來了）。

如果年紀太大或不便行走，卻又很想到本宮參拜怎麼辦？這裡有稱為「籠屋さん」的挑夫可以幫忙抬上去到位於 365 階的大門前，途中就看到一位老太太利用這項服務，不過價格並不便宜，往返一趟要 6,800 日圓（註）。

石階雖多，不過走起來並不會單調，前半段兩旁有連綿不絕的店家，就好像走在九份，有如市集般的熱鬧，在努力登高的同時，注意力不免被這些商店分散，走起來倒也愜意。

（註）：由於挑夫們都邁入高齡，這項服務已於 2020 年初終止。

1 351 階附近的紅葉 2 用備前燒製成的狛犬 3 第 19 代宮司「琴陵宥常」的銅像

除了商店，沿途有一些特色景物也吸引我們的注意力，在第 113 階有座「一之坂鳥居」，大鳥居旁兩隻狛犬，都是用備前燒製成的珍貴文物。

到了 168 階則有一間順著階梯而上的「灯明堂」，木製建築物裡吊著數個燈籠，是日本國的重要文物財，值得駐足好好欣賞。

288 階有第 19 代宮司「琴陵宥常」的銅像，銅像旁有海洋歌人稱號的「石榑千亦」歌碑。

來到中段，幾株爭艷的紅葉讓我們暫時離開永無止盡的石階，開始用鏡頭狩獵楓葉見頃的景致。這裡是位在 351 階的金刀比羅本教的總本部，是一間有著 140 年的古蹟，但顯然，綻放的楓紅對我來說更加有吸引力，不自覺地沿著楓樹，拍攝這段期間的專屬美景。

一位同樣拿著相機在拍楓紅的老先生，好意提醒「往下再走一點的楓葉很漂亮喔」，順著他的指示，果然別有洞天，讓我拍到是這次旅程最漂亮的楓葉照片。

艷紅、橙色、萌黃，穿插些許尚未轉變的綠葉，將山頭妝點得無比繽紛，冬天的太陽是最好的燈光師，和緩適切的光線，總是能恰如其分地讓紅葉在逆光下展現最美的紋路，難怪楓葉永遠都是不敗的拍攝題材。

心滿意足的拍完楓葉，繼續回到走不完的石階。

神的領域 365 ～ 785 階

　　來到 365 階，是一座二重木造大門，上方掛著「微笑長壽。金刀比羅」的字樣，之後同樣的文字不斷重複出現，常保笑容，簡單明瞭的道理，大概也是庶民的金刀比羅宮要告訴世人最重要的一件事吧。

　　大門前也可以看到金刀比羅宮最知名的黃色御守介紹，不過這裡都還買不到，先完成 785 階再說吧。

　　進入大門後，開始進入神的領域，雖然離本殿尚遠，但是氣氛已經和先前截然不同，不再有各式各樣的土產店和攤販，一門之隔，就有來到日本神社寺院參拜時常見的莊嚴氛圍。

　　不過說沒有攤販也不完全正確，眼前五支大傘下尚有五個攤位，稱為「五人百姓」，據說因為其祖先對於金刀比羅宮有特殊貢獻，是宮域內唯一獲准擺攤者，自鎌倉時代傳承至今已歷經 30 代、超過 800 年。五家販賣的都是同樣的糖果「加美代飴」，生意看起來馬馬虎虎，不過看多無數過往參拜客的五人百姓似乎也不以為意，淡定守護這代代相傳的職業。

　　繼續往前進入寫著金刀比羅宮的鳥居，兩旁林立的石碑寫著信眾奉獻的金額，這裡也是一處賞櫻勝地，有「櫻馬場」的美譽，當然現在的季節是看不到櫻花的，楓葉和銀杏才是此時的主角。

　　來到 431 階，廣闊的平台矗立一座櫻馬場西詰銅鳥居，除了可以在此稍歇，這裡還有許多可觀的景物。

1 365 階的大門 2 五人百姓 3 林立的石碑是信眾奉獻的金額 4 着見櫓和整株轉黃的大銀杏

　　首先是一尊可愛的金比羅狗銅像，掛著「金毘羅參り」的牌子，是代替飼主前來參拜的意思。在江戶時代，一般庶民是禁止出外旅行的，只有部分參拜神佛的場合不在此限，許多人一生的願望就是到伊勢神宮、金刀比羅宮，以及京都東西本願寺參拜，但當時交通可不比現代，沒有汽車、鐵路，更不可能有飛機，要出一趟數百公里外的遠門談何容易，於是由自家飼養的狗代為前來參拜，託付為旅人，完成飼主的心願，成功完成使命的狗就稱為金刀比羅狗，或許是這個傳統，沿途看到不少帶著愛犬一起前來參拜的人。

　　金刀比羅狗後方有黃色牆壁的「着見櫓」，和整株轉黃的參天大銀杏，同樣的色系很是契合，構成一幅季節限定的絕美畫面。正前方數十公尺處有座「御厩」，飼養著北海道產的壯碩白馬，稱之為神馬，想必和祭典脫離不了關係。

　　785 減掉 431，剩下最後 354 階了，繼續再接再厲。走到 477 階會有一個往左 90 度的直角急轉彎，和前面幾近直線一路往上的石段很不一樣，參照江戶時代初期留下的參拜地圖，當時是直線，但金刀比羅宮實在是香火鼎盛，為了容納來自民間奉納的大量石碑、燈籠等寄奉物品，只好改變路線變成現在的樣子。大轉彎後位於 500 階有間「神椿」，隱身在山林裡，是由大名鼎鼎的「資生堂」所經營的咖啡店及餐廳。

1 沿途不時可以見到許多飼主帶著小狗前來參拜　2 金刀比羅狗銅像　3 御厩的神馬　4 資生堂經營的神椿　5 旭社　6 金刀比羅本宮　7 眺望讚岐平原及讚岐富士

5

就在怎麼還沒到的疲憊感中，眼前出現一座極具規模的建築，門扉和重簷上的人物、鳥獸、花草等雕工無一不美，令人精神為之一振，難道已經不知不覺抵達本宮了？很抱歉，這裡是位在 628 階的「旭社」。不過看到旭社，離本宮真的不遠了，旭社主殿的迴廊有整排座椅，我們和許多參拜客都在此稍歇，等會兒要挑戰最後的石階。

到本宮前最後還有 4 段約 130 級連續的陡峭石階，一鼓作氣走完，往御本宮邁進。

御本宮到著

昂然矗立在 785 階的御本宮，祭祀的是大物主神與崇德天皇，是農業、養殖、醫藥、守護海上的神明，只見大家魚貫排隊，以「二拜二拍手一拜」的方式虔誠參拜。

從走出 JR 琴平站到抵達位在 785 階的御本宮，總共花了約 80 分鐘，沿途沒有停下來買東西，不過花了些時間拍照，可以給要來金刀比羅宮參拜的人參考。

金刀比羅宮建於海拔 538 公尺的「象頭山」上，從瀨戶內海看過來像極了大象的頭，是海上交通的最佳地標，御本宮就巧妙位在象眼的位置，標高 251 公尺，視野良好，在展望台可以眺望讚岐平原和瀨戶大橋，其中有著完美錐形體、神似富士山的是有讚岐富士之稱的「飯野山」，在日本全國最相似富士山的鄉土富士排名中，名列第 5 位。

完整的金刀比羅宮參拜行程其實還沒結束，展望台前的小路，有一個牌子寫著「奧社」，還要 583 階才能抵達，如果自認體力還不錯，可以再繼續挑戰，前往奧社。

6

7

好不容易完成御本宮參拜，當然沒忘了要到「神札授与所」購買金刀比羅宮的幸福黃色御守，根據統計，自1998年開始授予以來，到2019年累計已超過500萬個，足見其高人氣。我沒有特別蒐集御守的習慣，但這麼辛苦爬了785階上來豈能錯過？黃色幸福御守1,000日圓、加上金刀比羅狗的組合是1,500日圓，心甘情願的將2,500日圓貢獻出來，一旁還有金刀比羅狗的抽籤處。

御本宮旁的繪馬記入所可坐下來寫繪馬，祈求心願實現。殿內掛著許許多多與航海相關的圖案，都是信徒奉獻的，金毘羅樣正是保佑海上平安的守護神，所以日本許多船隻也都以金比羅來命名，像是「SASUKE」（極限體能王）中最強船長長野誠，他的漁船就以「第50金比羅丸」為名。

回程一路往下，比來時輕鬆許多，不消15分鐘就走回到五人百姓，很快抵達有著各式土產店的前段石階。

幾樣當地特產當然不能錯過。首先是「本家船々堂」的煎餅，用新鮮雞蛋在店內現烤製作，經過時很難不被四溢的香氣所吸引，買了幾包烙有「金」字樣的煎餅，結帳時店員還遞上兩片剛烤好的煎餅招待，現烤的果然特別好吃。

1 奧社從這裡往前走 2 神札授与所 3 金刀比羅狗的抽籤處 4 御本宮旁繪馬記入所 5 回程下向道 6 櫻馬場西詰銅鳥居 7 沿途的紅葉 8 嫁入りおいりソフト和三盆糖口味

5

6

7

8

　但若要問金刀比羅宮最具代表性的土產，應該非「灸まん」莫屬。從 JR 琴平站開始，沿途都有其廣告字樣，分店也有好幾間，稱為金毘羅第一名物也不為過。在江戶時代即開業的灸まん原本是間旅店，當時步行遠道而來的參拜者往往已經一身疲憊，這家店提供腳底針灸服務，消除住宿者的疲勞，因為腳底艾灸很有效而出名，後來發展出以艾灸形狀做成的甜點，逐漸成為名物。灸まん本舖石段屋本店更是超過百年歷史。

　另一種特產是稱之為「嫁入りおいりソフト」（新嫁娘霜淇淋）的冰淇淋，灑在冰淇淋上的「おいり」是香川縣當地的食物，源自於香川縣西部，是新娘在婚禮中所準備的菓子，因為要區分送給出席的親人、朋友、厝邊……，分成紅、黃、綠、白、紫、青等顏色，逐漸演變而成如今色彩繽紛的樣貌，洋溢幸福的氣息；冰淇淋當然要嚐嚐四國特產的和三盆糖口味了，高品質的和三盆糖甜度淡雅，不會死甜，和其他冰淇淋帶給舌尖的滋味完全不一樣，至於繽紛的おいり雖然入口即化，也有做成小盒包裝販售，其實沒什麼滋味，視覺效果大於口感。

金刀比羅宮

🕐 御本宮 6:00 ～ 18:00（10 月至 3 月～ 17:00）
🏛 香川縣仲多度郡琴平町 892-1
🚌 JR 琴平站下車徒步 10 分鐘可抵達參道
🌐 http://www.konpira.or.jp/

琴電
好方便

①

參　拜完金刀比羅宮，接著要往高松市區移動，回程就不搭 JR 改搭「琴電」，體驗不同的鐵道系統。持 JR 四國 Rail Pass 給站務員看一下，就能進入「琴電琴平站」的月台搭乘。

琴電是「高松琴平電氣鉄道株式会社」的暱稱，在香川縣內共有三條營運路線，要搭乘的「琴平線」是其中最長的一條，全長 32.9 公里，可搭到 JR 高松站旁的「高松築港站」。金刀比羅宮所在地已遠離高松市，在行政區上屬琴平市，班距算不上密集，每個小時的 12 及 42 分各有一班開往高松市區的車，建議先掌握好發車時間。

琴電的吉祥物是兩隻可愛的海豚（雖然胖嘟嘟的有點像是企鵝），藍色的叫ことちゃん（小琴），粉紅色的則是牠以結婚為前提在交往中的女朋友ことみちゃん（琴美）。在車站或車上經常可以看到小琴發出「ぞぞ一」（zo zo～）擬聲語吃著麵的圖片，自然是吃著當地特產烏龍麵了。擔任烏龍麵縣形象推廣的副知事、同時也是香川縣出身的帥氣男星要潤曾拍過一部有趣的宣傳影片，內容是哭泣中的嬰兒只要聽到吸食烏龍麵的ぞぞ一聲音很快就會停止不哭，不知有沒有人嘗試過這個方法。

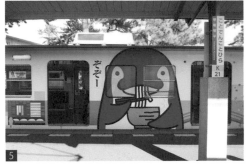

1 琴電琴平站 2 停靠在琴平站月台上的電車 3 琴平站閘門 4 琴電彩繪電車 5 正在吃烏龍麵的ことちゃん

　　我們搭乘的是白黃基本色調的 1200 形電車，同一月台另一側停靠的是車身有彩繪吉祥物的電車，工作人員正忙著整理桌椅和杯盤狼藉的食物、餐具，看來剛剛完成一趟包車任務，能搭著琴電吃吃喝喝並欣賞沿途風景，應該是很歡樂的一件事吧。

　　車廂內和一般常見通勤電車無異，因為這輛列車是用曾在首都圈行駛的京浜急行電鉄 700 型改造而成的。雖然是站站停的電車，不過路線筆直，加速度流暢，總感覺駕駛好像在飆車，體感速度頗快。來回剛走完金刀比羅宮 1 千 5 百多個階梯，雙腳疲累，這段車程算是最好的休憩時光。

　　琴平線沿線還有幾個車站適合途中下車，「仏生山站」下車徒步 12 分鐘，有一處香川縣內知名的「仏生山溫泉」，曾被評為香川縣第一名的溫泉；「栗林公園站」附近有特別名勝栗林公園；「瓦町站」則是琴電最重要的轉乘站，車站本身結合「天満屋」百貨公司，位在高松市街最繁華的地方，是逛街的好去處。

　　琴電「長尾線」和琴平線一樣，都從高松築港站發車，至瓦町站後往東南方行駛，沿線觀光資源較少，不過終點站「長尾站」離四國遍路第八十七番靈場「長尾寺」很近，下車徒步 3 分鐘就能抵達。

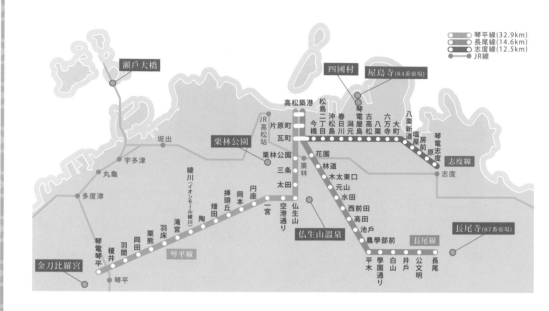

琴平線(32.9km)
長尾線(14.6km)
志度線(12.5km)
JR線

瀬戶大橋

四國村

屋島寺(84番靈場)

高松築港
松島二丁目
今橋
片原町
瓦町

JR高松站

栗林公園

琴電屋島
松島
沖松島
春日川
古高松
六万寺
八栗
大町
八栗新道
塩屋
房前
原洞

琴電志度

志度線

志度

坂出

宇多津

丸龜

多度津

綾川(イオンモール綾川)

栗林公園
三条
太田

円座
岡本
挿頭丘
畑田
陶
滝宮
羽床
栗熊
岡田
羽間
榎井

一宮
仏生山
空港通り

花園
林道
木太東口
元山
水田
西前田
高田
池戶
農學部前

栗林

仏生山溫泉

長尾線

平木
學園通り
白山
井戶
公文明
長尾

長尾寺(87番靈場)

琴電琴平

琴平

金刀比羅宮

琴平線

至於琴電「志度線」則從「瓦町站」發車，路線呈東西向，與 JR 高德線大致平行。其中「屋島站」周邊觀光資源豐富，屋島曾是日本平安時代末期「源平合戰」的古戰場，留下不少歷史遺跡，另有主題園區「四國村」，露天展示四國各種古老民家，要前往四國靈場第八十四番「屋島寺」也是從這一站下車最近。

至於琴電的起點「高松築港站」緊鄰高松城跡，古時又名「玉藻城」，護城河引進瀨戶內海的水，是日本著名的水城，也被選為百名城之一，很適合利用搭車前空檔探訪。

1 剛完成包車任務的琴電列車 2 高松城跡

屋島

　利用全四國鐵路周遊券搭乘琴平電鐵志度線前往「琴電屋島站」，可以利用接駁公車前往屋島山上，車資很便宜，只要 100 日圓，下車時投現金即可。

　山上最有名的景點當屬四國八十八靈場第八十四番札所「屋島寺」，相傳由曾遠赴唐朝取經的鑑真和尚開基創立，弘法大師曾經來訪，並親手雕製了一尊十一面千手觀音像，現為屋島寺供奉的本尊。境內比起許多札所算相當寬闊，不時有身著遍路白衣的參拜者前來，虔誠在本堂和大師堂誦經參拜。本堂旁有兩尊很大的狸貓，稱為「蓑山大明神」，是保佑小孩、良緣及家庭圓滿的神明。

屋島寺

1 琴電屋島站 2 屋島山上是知名的古戰場 3 第八十四番札所屋島寺 4 屋島寺大師堂 5 屋島寺本堂

獅子的靈巖

　　從屋島寺的四天王門出來，沿著步道，幾分鐘的時間就可以走到擁有高人氣的「獅子的靈巖」（獅子の霊巖）展望台，這裡的海拔不算高（約250公尺），也造就一種可以近距離凝視的特殊空間感，山腳下的高松市街無比清晰，瀨戶內海以及男木島、女木島，甚至更遠一點的直島也依稀可見，是我前所未有的眺望體驗。一旁的賣店販售一種「開運瓦」，據說把瓦片丟得越遠，願望就越能實現。有個媽媽用可愛的童言童語教2歲的女兒邊說著願望、邊奮力地丟擲，在一旁看著這溫馨的畫面，也真心希望她們的願望可以實現。

獅子的靈巖

1 蓑山大明神 **2** 在獅子的靈巖展望台欣賞瀨戶內海 **3** 獅子的靈巖展望台

1 佛生山溫泉天平湯 2 櫃檯前的平台展售當地小物

佛生山溫泉

　　搭乘琴電琴平線來到佛生山站，看了一下設在站前的地圖後確認溫泉的位置，出站後左轉直行，這裡仍屬於高松市，或許已經位在郊區的緣故，已全然沒有市區紛鬧的氣息。前往佛生山溫泉的這條縣道並不寬敞，起先有些擔心會不會走錯路了，因為全然看不到相關指標，但其實是多慮了，不需轉彎，一路直走約 10 分鐘，就能看到右手邊一處寬敞的停車場，及一棟簡約的建築，就是近年很受當地歡迎的「佛生山溫泉天平湯」。

　　在櫃檯買好入浴券，身後是明亮的自由空間，沒有雜亂的擺設，一側平放著整排的二手書籍，稱為 50m 書店，另一側擺放數座低矮平台，展售著當地小物，後方就是榻榻米鋪成的休憩區。脫衣場面對的是整排的落地玻璃，室內的浴池也是同樣的設計，玻璃牆環繞著的是更加寬敞的露天風呂區，有好幾池可以浸泡。這麼棒的溫

泉不只老人家喜歡，也吸引許多年輕人從各地前來朝聖，我一邊享受著舒服的碳酸溫泉，一邊聽著一旁遠從隔壁德島縣來的日本年輕人聊天。

泡完溫泉，不急著離開，來到自由空間，坐在榻榻米上，買一瓶咖啡牛奶，再拿本雜誌閱覽，舒適的環境讓人感到輕鬆自在。如果肚子餓了，這裡也有附設食堂，餐點價格親民，在當地長大的設計者岡昇平，希望打造一處任誰都可以自在享受時光的空間，也為地方帶來更多活力。

佛生山溫泉天平湯

🕐 11:00 ～ 24:00（週末假日 9:00 開始）
💴 成人 700 日圓、兒童 350 日圓
🏢 香川縣高松市仏生山町乙 114-5
🚌 琴電佛生山站下車往東徒步約 12 分鐘
🌐 http://busshozan.com

1

1 佛生山溫泉天平湯舒適的自由空間 2 琴電佛生山站 3 4 自由空間的 50m 書店

2

3

4

高松市內及其近郊，除了有便利的琴電往來連結，高松市內還有一項便利的交通工具，而且收費超便宜，就是高松腳踏車租賃系統（レンタサイクル）。這個系統設立的出發點是想要藉由共享的方式，減少市區腳踏車的總量，並且利用腳踏車連結各項交通設施，提供市民便行的生活。

結束金刀比羅宮的參拜行程，搭乘琴電，在午後時分抵達琴電「栗林公園站」，出車站左轉幾步路，就有一座腳踏車租賃站。

位在栗林公園的腳踏車租賃站有專人駐點服務，只要事先下載專用APP「HELLO CYCLING」，登錄成為會員，就可以租用腳踏車，外國人也可以利用這項服務，事先登錄好相關資料可以縮短租借手續時間。

高松市推動腳踏車租賃系統已經有 10 幾年的時間，目前共有 JR 高松站前廣場地下 (有人)、琴電瓦町站地下 (有人)、JR 栗林站前、琴電栗林公園站前 (有人)、琴電片原町站前、丸龜町、高松市役所等共 7 個租賃站，其中 3 個是有專人駐點的有人站，外國人第一次要租借的話建議要來這 3 個有人站。

1 琴電栗林公園站 2 高松腳踏車栗林公園站前租賃站 3 栗林公園站前租賃站有專人服務

　　高松市腳踏車租賃系統的最大特色就是費率超便宜，24 小時以內是 200 日圓，對，你沒看錯，只要不到兩瓶販賣機飲料的錢，就能代步 24 小時，是超便宜的銅板價。

　　腳踏車都是淑女車形式，既不新穎，也沒有變速，但車況維護良好，很好騎。加上腳踏車專用道有日本一貫精良的工程品質，超級平整，而且高松市區平緩，街道為棋盤式規劃、範圍不大，是一處很適合用腳踏車遊覽的城市。

高松腳踏車租賃系統

🌐 http://takamatsu-parking.com/
rent-a-bicycle/

腳踏車租賃教學

🌐 http://takamatsuparking.com/
info/new_rental_cycle/

1 高松腳踏車租賃站自動進出閘門　2 腳踏車車況維護良好，很好騎　3 高松市內的自行車道平整好騎　4 有些商店街路段禁止腳踏車，要用牽行的方式

1 竹清門口 2 竹清排隊人潮 3 竹清店內盛況

竹清

烏龍麵縣的烏龍麵

在栗林公園站前的有人腳踏車租賃站借好腳踏車後，徜徉在高松市街，時間已經接近 2 點，肚子早已抗議許久，趕快找尋位在 JR 栗林公園站北口附近的「竹清」，深怕錯過這間只有中午時段營業的烏龍麵名店。

高松市區街道棋盤方正，只要掌握好街道名，就不會騎錯。從琴電栗林公園站到竹清的路程 1.7 公里，步行少說也要 20 分鐘，還不包括走錯路的時間，這時真的很高興能有腳踏車代步，可以輕鬆前往。

看著手上的地圖從大街穿進小巷，我一副熟門熟路的模樣（其實根本是第一次來高松），順利找到竹清招牌，但開心的情緒瞬間粉碎，因為店門口排著長長的人龍等候用餐，最慘的是店家附近沒有腳踏車位。手邊沒有預備方案了，只好先騎到對面 Lawson 的停車場將腳踏車停妥，在國外旅行，即便是肚子餓還是要當好國民。

快步走回排隊，排得又更後面了。通常我是非常不喜歡要排隊的餐廳，特別是到日本旅遊之際，時間都不夠用了，還用來排隊也未免太奢侈！但為了品嚐一碗最道地烏龍麵縣的烏龍麵，也只好跟著人潮，耐心地排下去了。事實上，香川縣內知名的烏龍麵店，排隊是常見的事，有些位在郊區所謂夢幻名店的排隊情形還更誇張，會多達數百人，這種長度還算是小case。大約排了30分鐘後終於進入店內，一窺這家名店的樣貌，其實店內座位還不少，但依舊無法應付用餐人潮。

香川縣的烏龍麵一般分成「製麵所」、「自助式」（セルフ）、「一般店」三種，竹清屬於自助式。

進入店內有店員會詢問登記要幾份炸物，再向櫃台點要幾「玉」（團）麵條後先結帳，拿到麵條自己加料（麵衣、蔥），或是自己動手將麵條燙得更熱一些，然後找位置坐下，等到炸物好了以後，店員會喊你的名字，並將炸物（天ぷら）送到桌上。竹清的生意實在太好，不管是送餐、煮麵，還是炸物的後台都忙碌不已。

我在麵條上灑了許多蔥，配合店家特製湯汁，以及必點的招牌半熟蛋，品嚐之後，只能說剛剛的排隊等待是值得的，這絕對是吃過最好吃的烏龍麵！麵條是每天店內手打現製，Q彈新鮮，是從沒吃過的口感，價格更是親民，只花了370日圓就飽餐一頓，是讓人吃了還會懷念的店家。

竹清還有賣自製生麵條速食包，許多來店裡的人點餐時會順手帶一包，是相當受歡迎的伴手禮。

1 竹清必點的現炸天ぷら
2 烏龍麵配上半熟蛋

竹清

🕐 11:00 ～ 14:30（麵條賣完會提前結束）
🏠 星期一
🏤 香川縣高松市龜岡町 2-23
🚉 JR 栗林公園北口站下車徒步 5 分鐘
🌐 http://chikuseiudon.com/

1 めりけんや烏龍麵店
2 めりけんや點餐櫃台
3 めりけんや烏龍麵店
菜單　4 めりけんや鳴
門海帶芽烏龍麵

めりけんや讚岐烏龍

　　內容充滿奇幻想像、著重隱喻的村上春樹長篇小說《海邊的卡夫卡》，對於高松的烏龍麵有一段非常生活化的描述。

　　「我走進車站前面的烏龍麵店填飽肚子。只是張望了一圈碰巧看到的地方就走進去而已。因為我生在東京長在東京，所以幾乎沒有吃過所謂烏龍麵這東西。可是這麵跟我過去吃過的任何烏龍麵都不同。咬勁很夠、又新鮮、湯頭又香。價格也便宜得令人嚇一跳。因為太好吃了，我又再吃了一碗。因為好久沒吃這麼飽了，心情感覺好幸福。」

　　的確如此，位在 JR 高松站旁的「めり

けんや」就曾帶給我同樣的經驗，不知道是否為《海邊的卡夫卡》中那位最強悍的 15 歲少年初抵高松時所光顧的麵店。

　　同樣屬於「自助式」店家，點餐方式和在台灣常見的烏龍麵店類似，先選要哪種口味、然後自己夾想吃的炸物，再一起結帳。我選了香川隔壁縣德島特產的酢橘口味，是當季主打的菜單，擠出果汁在大碗份量的烏龍麵上，拌著這家店的自製高湯，口感更顯清爽，配上炸物，讓我吃得飽飽的，非常滿意的一餐，心情也感覺好幸福。

| めりけんや讚岐烏龍　高松站前店 |

🕐 7:00 ～ 20:00
🏠 香川縣高松市西の丸町 6-20
🚃 JR 高松站下車徒步 1 分鐘
🌐 http://www.merikenya.com/

味庄

位在 JR 高松站旁高速巴士 terminal（高速バスターミナル）對面，一家不太起眼的小店，也有美味的烏龍麵。

這家「味庄」是 JR 高松站周邊的人氣烏龍麵店，最大特色是營業時間超早，清晨 5:00 就開始營業，因此可以看到不少上班族搭車前先來店內享用烏龍麵當早餐。在櫃檯點要小碗還是大碗的麵條，然後自己加上熱騰騰的高湯，再選擇喜歡的炸物後結帳。

開業超過 40 年的老舖，店內充滿昭和時代的氛圍，像是老闆模樣的阿伯，專注在櫃檯後方桿麵，客人可以品嚐到自家現製手打麵條的新鮮與口感，純粹的高湯是最標準的讚岐烏龍麵吃法，炸物比めりけんや更好吃，價格同樣非常便宜（210日圓起跳），是既實惠又美味的一家店。

來到烏龍麵縣品嚐烏龍麵時，建議點小碗的麵就好，這樣可以留點胃多品嚐幾家，烏龍麵美食之旅可是許多人來到香川時很熱衷的行程！

味庄

🕐 5:00 ～ 15:00
㋡ 星期六、國定假日
🏠 香川縣高松市西の丸町 5-15
🚌 JR 高松站前徒步 2 分鐘

1 味庄是 JR 高松站周邊的人氣烏龍麵店 2 選好炸物後自行加高湯 3 味庄的烏龍麵

栗林公園

3 百多年歷史的大名茶室「舊日暮亭」

日本有廣為人知的三大名園，分別是水戶「階樂園」、金澤「兼六園」、岡山「後樂園」，是觀光客到日本旅遊必訪的景點。四國地區雖無庭園入列，但有一座國家指定的特別名勝「栗林公園」，一點也不輸這三大名園。

這座回遊式大名庭園，在江戶時代由高松藩主生駒高俊於 1625 年時著手建造，經過歷代藩主不斷修築，1745 年方大功告成。日本明治時代的教科書就曾寫到栗林公園內木石的雅趣，更勝三大名園，我想也不枉讚岐高松藩歷代藩主用了百餘年歲月修築這座庭園的苦心了。

栗林公園內有豐富的庭園景致，綠意盎然，最經典的就是利用借景的技巧在庭園設計上。園內人造的六個泉池、十三座築山、島嶼、草地、瀑布、茶室、梅林、竹林、櫻林等，幾乎都多多少少借景背後這座天然的「紫雲山」，隨著季節呈現不同的風貌，達到一步一景、俯拾皆美的境界，是領略「侘び 寂び」（清澄、閑寂之趣）傳統日本美學最好的地方。

栗林公園在 2009 年獲米其林觀光指南 3 顆星的肯定，並給予「值得特地前來」的評語，在旅遊網站「TripAdvisor」2016 年所做的最受外國人歡迎的觀光景點評選中，栗林公園在全日本高居第 15 位，為前 30 名中唯一入選的四國景點，排名還高過東京的淺草、明治神宮，以及京都車站、金澤兼六園，相當不容易。

如果時間有限，來到栗林公園要選一個景的話，「飛來峰」一定要造訪。仿富士山的人工築山，雖然不高，但登上山頂足以鳥瞰南庭全貌，南湖、偃月橋盡收眼底，遠方則有紫雲山相襯，是栗林公園的看板美景。

栗林公園真的很大，包含紫雲山全區廣達 75 萬平方公尺（約 16 座東京巨蛋），可觀之處亦多，建議至少有兩個小時以上的時間，才能慢慢欣賞這座經典庭園之美。

1 掬月亭 **2** 登上飛來峰鳥瞰偃月橋及南庭全貌

栗林公園

🕐 大約日出～日落（每月時間不同，詳官網）

💴 大人 410 日圓、小孩 170 日圓

🏛 香川縣高松市栗林町一丁目 20 番 16 號

🚃 JR 栗林公園北口站徒步 3 分鐘；琴電栗林公園站徒步 10 分鐘

🌐 http://www.my-kagawa.jp/ritsuringarden

瀬戸內國際藝術季
直島一日漫遊

彷彿就像造物主打翻玉盤中的大珠小珠，撒落在平靜的海面上，瀨戶內海中羅布超過 3,000 多個大大小小的島嶼，有方圓幾公尺的無人蕞爾小島，也有比台北市還大兩倍以上的淡路島。

自古以來便擔負著海上交通大動脈重要角色的瀨戶內海，船隻往來穿梭，帶來不同的文化與風格，並和各島嶼固有文化結合，與美麗的景觀共同成為傳統風俗，流傳至今。曾經歷高速經濟成長的日本，這些原本應該如同世外桃源的小島，也沒能逃過伴隨工業化而來的汙染危害，加上人口老化、流失，許多島嶼漸漸失去了固有的個性，日漸凋零。

香川縣於是提出「海的復權」想法：「在瀨戶內的島嶼上，美麗的自然與人類共生共鳴，我們希望能喚回這些島嶼的活力，讓瀨戶內海成為地球上所有地區的『希望之海』，因而舉辦了瀨戶內國際藝術祭。」

成功的企劃、重量級藝術家助陣，三屆下來已經讓「瀨戶內國際藝術季」成功打響名號，從最初 2010 年的 7 個小島，到了 2013 年擴展到直島、豐島、女木島、小豆島……等 12 座島嶼，讓跳島旅行成了瀨戶內海的熱門行程。

當然，一次旅行要走完這些島嶼，時間、金錢，還有船班的銜接都是不小的考驗，如果只選一座小島漫遊的話，我的日本友人不加思索就推薦直島，絕對是 CP 值最高的不二選擇。

於是我便在「瀨戶內國際藝術季2016」夏秋檔期之間，安排了一趟直島漫遊。

這天一早從德島搭乘 JR 特急列車移動到高松，先到今晚預訂住宿的旅館放妥行李，然後到高松高速巴士中心，預訂後天要從松山往高知的車票。持四國鐵路周遊券當然可以搭乘鐵道往來這段區間，只是長達 4 個多小時的車程著實令人卻步，JR 四國提供一項貼心的優惠，持 Pass 就能以非常便宜的價格搭乘行駛松山到高知的「南國快車號」（なんごくエクスプレス），時間只要約 2 小時 30 分鐘，比起鐵路可大幅減少約 90 分鐘的乘車時間。

1 瀨戶內海的島看起來像連續好幾重一般 2 瀨戶大橋

出示 Pass，並跟 JR 四國巴士值班的小姐說明要搭乘的日期和班次，經過一陣電腦作業，她表示「每人 3,700 日圓，跟你收取 7,400 日圓」，聽了我當場倒抽一口氣，跟她說持這張 Pass 應該是有優惠的，請再確認一下。或許持全四國鐵路周遊券的外國旅客，在此購買這張車票的人數太少，只見她埋首認真翻閱工作檔案夾，卻遲遲找不到可以販賣這種優惠票價的說明，最後也只能作罷，看來只得等晚上或明天上午換其他人員值班時再來碰碰運氣了。

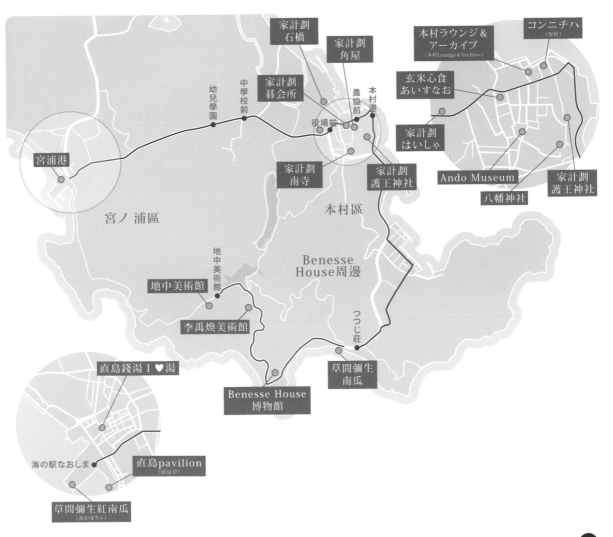

1

直島航線

　　經過這麼一耽擱，車票沒有買成，距離往直島的渡輪發船時間也所剩不多，趕緊往 JR 高松駅廣場左前方、寫著「高松港方面」的連絡空橋快步走去。數百公尺長的空橋連接站前這些嶄新開發案，一路延伸到高松港的乘船口，從車站走過來至少需要 5 分鐘。

　　往直島或小豆島的售票處及候船室是一棟兩層樓、貼著黃褐色磁磚的方型建築，就位在連絡空橋的盡頭，即將出發的白色渡輪早已停妥在碼頭，陸續有人上船。一樓有整排的售票窗口，往直島的在最遠處，且僅有兩個窗口，其餘都是往小豆島的，由此也可看出兩個島嶼在規模上的差距。或許早已熟悉面對在藝術祭舉辦時眾多的外國旅客，當我表示要購買往直島的船票時，售票阿姨以流暢的英文問「one way or round trip?」跑得上氣不接下氣、頭腦有點卡卡的我，停頓了 1.5 秒才用日文回覆：「往復」（來回），接著阿姨提醒說回程到明天前使用都有效。付款並接過船票，在表定開船前 3 分鐘登船。

這條航線由「四國汽船株式會社」經營，從高松港往返直島的宮浦港，航行時間約 50 分鐘（回程為 1 個小時），來回票價 990 日圓，一天有 5 個航班來回，在藝術祭期間為了疏運激增的旅客，通常會加開航班輸運旅客返回高松港。另一處碼頭有高速旅客船，只要 30 分鐘，不過單程票就要價 1,220 日圓，除非真的很趕時間，不然建議搭一般渡輪慢慢來就好，也才像到小島漫遊。

渡輪噸位不小，可容納五百人，巴士、汽車都可直接上船。船艙內有一排排整齊如同陸路運輸的座椅，也有適合好友或家族交誼聊天的席位。這一班乘船人數約 7 成滿，我們先找個位置坐下，但第一次搭乘的旺盛好奇心，驅使我不安於席，不一會兒就上到甲板，才發現這裡是更佳的場所，許多內行的遊客早已坐定在這少數面海的長椅上，享受舒適海風的同時，還可一探這平靜內海和島嶼的風光。最後索性也不回有冷氣的船艙了，就一直待在甲板上。

「瀨戶內海看起來像一座巨大的湖。因為，360 度，不管朝哪個方向，或近或遠，島看起來都像是連續著好幾重一般。我從不知道有這樣的風景。日本有這樣的風景。」攝影師小林紀晴在《日本之路》描述他搭渡輪航行在瀨戶內海時所見的光景。平穩的海面和隨時可見或近或遠的島嶼，以及吹撫甲板的自然風，一路伴隨我們朝直島方向緩緩前進。

沒多久，遠方的紅色燈塔從豆點狀逐漸清晰，接著可以看到裝置在宮浦港邊有黑色斑點的紅色大南瓜，宛如是歡迎旅客到來的地標，這時大家也開始魚貫往下層移動，準備下船。

1 大卷伸嗣創作的 Liminal Air -core- 是高松港最醒目的地標 2 往直島及小豆島的售票處
3 內行的人會到甲板吹海風

1 宮浦港的「海の駅なおしま」(海的車站直島)
2 海の駅 3 腳踏車出租店 Ougiya

宮浦港

緊鄰宮浦港是稱為「海の駅なおしま」(海的車站直島)的多用候船室,簡潔線條加上十足開放感的設計,是宮浦港最顯眼的玄關,由 SANAA 事務所的妹島和世、西沢立衛設計。渡輪抵達後一下湧入 2、3 百人,讓海の駅內外都熱鬧不已,有些人到案內所詢問購票,也有人匆匆趕往即將發車的公車乘車處,工作人員在一旁舉著日英對照的手寫牌提醒大家發車時刻。直島是這趟四國之旅出發前臨時加入的行程,功課做得不算太充足,下船後有點三心二意,既想先近距離欣賞紅色大南瓜,也猶豫要不要搭上班次有限的島內公車,最後還是決定先去租腳踏車,方便自己掌控時間。

我找的是與海の駅僅有一條馬路之隔的「Ougiya」,外觀就像是白色的貨櫃屋,裡面已經排了不少人。我租的是最便宜的淑女車,只要 300 日圓,取車在 50 公尺外的車庫,腳踏車的數量頗多,可以選車況好一點的。其實直島的地形有些起伏,山丘居多,南邊還有座「地藏山」(標高 123 公尺),租用電動腳踏車會輕鬆許多,只是在租的當下沒有想到下午會有一段艱辛的登山路程。

騎上腳踏車快速移動回到港邊，欣賞紅色大南瓜。這是草間彌生在 2006 年的作品，就稱為「紅南瓜」（赤かぼちゃ），和位在南邊琴反地海水浴場的黃色「南瓜」，是直島最具代表性的戶外公共藝術，稱之為鎮島之寶似乎也不為過，許多國內外遊客就是為了這兩顆南瓜不遠千里而來，島內有些公車也以南瓜圖樣和點點塗裝車身。

紅色南瓜有著許多大小不一水珠般的黑點點（水玉），內部是鏤空的，參觀者可以自由進出其間，鮮豔的色彩和豐富的線條，和一旁白色的海的駅形成強烈對比。只見小朋友開心地在南瓜裡外追逐穿梭，年輕人則忙著拍照，是一個很好親近的藝術品，一旁堤防上有個阿伯依然老神在在釣著他的魚，絲毫不受眾多遊客的喧嘩所影響。

1 **2** 草間彌生的紅南瓜（赤かぼちゃ）是抵達宮浦港後第一個會看到的藝術作品

宮浦港邊還有另一個藝術品，由在台灣也相當具知名度的藤本壯介所創作，名為「直島pavilion」（直島亭），為了本次藝術祭而設置，期望打造為紅南瓜和海の駅之外，宮浦港邊的第三個地標。以如同海市蜃樓般的漂浮島嶼為創作概念，化身為直島的第28個小島（註），用了多達250片不鏽鋼網狀材質編織組成，同樣可以進到作品裡面，透過純白鐵網觀看外面的世界。

來訪時正好是瀨戶內國際藝術季夏展期結束、秋展期開展前的空檔，也許會少了些展演活動或配合展期的短期裝置，不過前面提到的這些作品都是長期設置，絲毫不減損來此的價值，且可以稍稍避開展期間來自世界各地的朝聖人潮，不然那可是連要等個拍照空檔都有些困難的大盛況呢！

（註）直島町是以直島為中心，包含周邊共27個小島所組成。

1 2 3 藤本壯介所創作的直島 pavilion (直島亭)
4 5 6 大竹伸朗 I ♥ 湯

　　再次騎上腳踏車鑽進巷弄，在剛剛取車的 Ogiya 倉庫附近，有一處實際可以入浴泡湯的藝術設施，名為「Ｉ ♥湯」。湯在日文讀音為「U」，形成 I love you 的雙關語，是大竹伸朗的作品。有鬼才藝術家之稱的大竹用他最擅長的拼貼手法，將建築外觀以多彩的磁磚拼貼及陶燒裝飾，一樓上方是大型女子剪影燈箱，從頭部延伸出一個大紅「ゆ」字，展現出怪誕虛幻的意象，是非常有人氣的作品。

　　這些精彩的藝術作品已經讓我們看得目不暇給，接著騎上橫貫直島中央的道路，依照下船時在海の駅拿的地圖，往本村方向前進，這段路程有不少上坡路段，騎著沒有變速的淑女車已讓我們感到有些吃力。

本村

　　直島本島的面積約 8 平方公里（略大於屏東的小琉球），島上觀光地主要集中在宮浦港、本村，以及 Benesse House Area 三大區域，各呈現不同的藝術特色。宮浦港以融合港口景致的創作為主，本村因有集中的島民聚落，保留許多傳統町家，是「家計劃」（家プロジェクト）最主要的實驗場域；至於 Benesse House Area 則有三大美術館，是帶動直島轉型發展的起點，又稱為美術館區。

　　第一個遇到的家計劃是位在往本村路上的「はいしゃ」（Haisha），斑駁獨特的外觀，讓人很難忽視這棟建築的存在。家計劃是將已無人居住的直島民宅改建，融合當時還住著人時的記憶，將空間本身營造成藝術作品。這個計劃從 1998 年開始，目前已有角屋、南寺、Kinza、護王神社、石橋、碁会所、はいしゃ共 7 棟對外公開，均為付費參觀的設施（各 420 日圓，Kinza 為 520 日圓，且須先在網路預約參觀），也可買共通套票 1,050 日圓，即可一次參觀 Kinza 以外的 6 間。

‖ 直島家計劃網站 ‖

🌐 http://benesse-artsite.jp/art/arthouse.html

はいしゃ和 I ♥ 湯一樣，都是大竹伸朗的作品，他將曾做為牙科醫院兼住宅之建物整棟改裝，室內外都能看到大竹創作中常見的語彙，利用各類漂流木、廢棄材料、招牌、霓虹燈管等一一拼貼，混亂中展現著秩序，屋內還有一尊巨型自由女神像，透過窗戶看著屋外世界，交融出不同尺度的奇特空間感。

往前再一小段路，直島町役場就在右手邊，開始進入島民生活的町內巷弄中。這時太陽高掛頭頂正上方，在停車場先停好車，改成步行，尋找午餐的地點。在巷口就看到「玄米心食 あいすなお」

指示牌，藍色暖簾內是一家利用 80 年歷史的古老民家改裝而成的餐廳，前半部是一般座位，後半部整區餐桌都在塌塌米上，需要脫鞋盤坐，依稀保有過往人們在此日常生活的模樣，屋裡採光良好，一入內就給人很好的印象。

我們點了店家最自慢的玄米飯，以及小豆島名產素麵兩組套餐。玄米飯煮得非常 Q，第一次吃到這樣的口感，好想自己在家也能煮出這樣的飯，配菜食材沒有過度調味，份量也適中，是非常推薦的一家餐廳。

1 大竹伸朗的はいしゃ 2 はいしゃ屋內巨型自由女神像，展現出不同尺度的奇特空間感 3 橫貫直島中央的道路 4 あいすなお 塌塌米座位區

餐廳 info

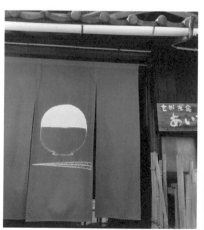

玄米心食 あいすなお

🕐 11:00 ～ 15:00
🈳 星期一（遇國定假日則正常營業）
📍 香川縣香川郡直島町 761-1
🚌 「農協前」公車站徒步 2 分鐘
💻 http://aisunao.jp/

午餐後繼續在本村聚落巷弄中的探訪行程。許多住宅仍都保有傳統建築樣貌，遇見的島民以老年人比例較高，他們曾歷經直島的衰落，近來藝術觀光帶來大量人潮，想必也對他們造成許多前所未見的干擾，不知當地人是如何去調適這極大的轉變？我想放低音量、不隨意去拍攝私人住家內部，應該是尊重當地的最佳方式。

在本村地區，步行是最好的方式，只見許多日本遊客依照藝術祭參觀手冊，對照立在路旁的作品展示場編號，按圖索驥尋找家計劃的位置，看來行前功課都做得比我們充分太多。跟著他們拾級而上，走到八幡神社，卻發現大家目的都不是拜殿，而是往更裡面走去，果然別有洞天，有另一個家計劃「護王神社」，由攝影師杉本博司設計改築。

神社拜殿的石階上擺著一塊塊宛如冰塊的透亮玻璃，在炎熱的太陽下帶來無比的清涼感，杉本博司將他最喜歡的石室空間和地上連結成為一個世界，並透過玻璃將光線導入地下幽暗的石室內，就像一幅充滿神秘感的攝影作品。

從八幡神社下來，附近有「Ando Museum」（安藤忠雄博物館），同樣是本村地區的熱門景點，百年木造房子低調隱身在整排民家中，若不是暖簾下方有塊不鏽鋼立牌寫著 Ando Museum 字樣與參觀資訊，還真會讓人匆匆路過而不自知，這一處是很熱門的景點，參觀人潮絡繹不絕。

這棟以百年古民家改建而成的博物館，內部以安藤忠雄擅長的清水模打造，呈現木頭與水泥、光明與黑暗、過去與現代的對比，是一處小巧但濃縮了安藤大師建築精髓的空間。

1 2 八幡神社 3 本村的巷弄
4 5 6 杉本博司作品護王神
社 7 8 安藤忠雄博物館

‖ ANDO MUSEUM ‖

¥ 520 日圓（15 歲以下免費）

🕙 10:00 ～ 16:30

休 星期一（遇國定假日則正常營業，隔日再休館）

🚌 「農協前」公車站下車徒步約 3 分鐘

🌐 http://benesse-artsite.jp/art/ando-museum.html

　擅長做生意的日本人自然不會錯過人潮帶來的商機，利用原本農協超市的空間，設立了「本村ラウンジ＆アーカイブ」（本村 Lounge&Archive），提供旅遊諮詢、販售家計劃套票，當然也少不了藝術祭及草間彌生的周邊商品販售（南瓜是一定有的），只是價格並不太親民。

　離開本村前，我們騎到本村港口旁的一家小咖啡店「コンニチハ」（你好），同樣是利用老房子經營，店內空間不大，卻很有到日本家庭作客的感覺，我們坐在面海的位置，店員是很斯文的小帥哥，客氣有禮的應對。午後喝杯現沖的黑咖啡，感覺精神又來了，是一間很好放空、看海的小店。

　沿著海岸線往南前進，人車不多，途中經過一處海灘，只有兩個觀光客，我們跟著他們停下來，脫下鞋子，踏在乾淨的沙灘上，第一次感受瀨戶內海水的溫度，我想如果是搭公車，就沒有機會來到這裡了。

對日本小島最深的印象來自在與那國島拍攝的日劇《Dr. コトー診療所》（小孤島大醫生），這時在寧靜的島上騎著腳踏車，腦中總浮現孤島醫師要前往看診的畫面。來到直島，即便不是為了追逐這些現代藝術而來，光是能夠享受這種純粹的悠然、空氣中海的氣味、還有全然不同於都市的步調，也絕對值得特地前來一趟。

コンニチハ

🕐 10:00～20:00（冬季 11:00～18:00）
🚫 不定休
🏤 香川縣香川郡直島町 845 番地 7
🚌 「農協前」公車站下車往本村港方向徒步 2 分鐘
🌐 http://konichiwa.jp/

1 2 本村 Lounge Archive
3 4 5 咖啡店コンニチハ
6 7 本村港 8 9 本村港南
邊的寧靜沙灘

Benesse House Area

一路輕鬆順暢騎到島的南端「琴反地海水浴場」，這裡可就熱鬧了，小孩們在沙灘玩沙嬉戲，老外情侶檔悠閒坐在白沙上聊天，還有更多人似乎都像說好的往同一個方向移動，原來島內另一顆黃色的「南瓜」就在不遠處。我們也速速停好腳踏車走去，繞了快半個直島，總算見到這顆大南瓜的廬山真面目。黃南瓜擺設在延伸出去的海堤上，隔著內海與高松市區相望，大家很有秩序的排隊，擺出各種能展現自我的姿勢與直島第一名物合影。

南瓜在草間彌生的創作中一再出現，她曾為南瓜寫了一首詩，傳遞發自內心對南瓜的深愛：「自南瓜闖進我生命中的夢時，我便對它產生莫名的愛意。快樂也好，寂寞也好，它總能讓我振作起來。它有一顆寬大的心，足以包容無窮的世界，無盡的宇宙……。」對於總是大量出現的圓點，她則提到：「這世界是由點點組成的，波點充滿在世界中，它無有止境，根本不會有一天完結，它讓我邁向一個美好的人生。」我對這些現代藝術算是門外漢，但透過這些文字，以及今天兩度親臨草間彌生最愛的創作題材之經典作品，也確確實實由衷感受到她內心想傳達給世人關於和平與永恆之愛的訊息。

1 2 3 琴反地海水浴場 4 5 草間彌生黃南瓜 6 南瓜塗裝的島內公車

　　Benesse House 這一區或許可說是改變直島的起點。100 年前的直島開始作為煉製銅礦的基地，曾經繁榮過，卻也飽受伴隨而來的工業污染，直到國際銅價變得不景氣，開始思考轉型。1990 年代，自岡山起家的福武書店第二代老闆福武總一郎，提出讓直島南部成為培育人與文化場所的宏大構想，並邀請安藤忠雄參與設計規劃，打造出 Benesse House 美術館和旅館一體的複合式建築，黃南瓜也在這個時期設置。

　　Benesse 一詞來自拉丁語，bene 是指「正確的、好的」，esse 是「生活」的意思，Benesse House 這個案子成功開發後，福武書店也將社名改為 Benesse，並將這個組合字作為企業理念。之後福武總一郎並沒有停下腳步，逐漸擴大規模，再度請安藤忠雄打造「地中美術館」（2004 年）、「李禹煥美術館」（2010 年），一座小島能擁有密度如此之高的一流美術館，也讓直島贏得「現代美術聖地」的美譽。

　　心滿意足的和黃南瓜拍完照，這時難題出現了，黃南瓜位於東 gate 內，腳踏車禁止通行，事實上，這段由福武書店開發、靠海而行一路連接到地中美術館的道路只能徒步或搭接駁公車。因此，我們只能走另一條路，很不幸，是陡峭的山路，騎淑女車也不用奢想要從平地加速一路衝上去，乖乖牽車吧。

　　牽車爬坡固然累，但隨著高度越高，視野也更好了，走到中段，山下的黃南瓜依然圍繞著不曾間斷的遊客，卻已經變得好小一顆。頂著豔陽牽到山路的最高點，剛好有個很好的眺望點，可清楚看到對岸的高松市。這時一對中年老外夫婦奮力掙扎踩著電動腳踏車，好不容易登上此處，看到我們是騎淑女車上山，這位太太不禁稱讚說「You are very strong.」她不知道其實我們可是牽得很辛苦啊！

　　流汗爬坡後，也有甘甜的時候，接著是一路下坡，必須持續按壓煞車，乘風快行固然愜意，更要集中注意力，以免因車速過快而發生危險。沒多久，眼前出現一片清水模圍牆，廣場停靠著公車，並聚集不少人，原來已經騎到了「地中美術館 ticket center」，一處作為售票、販售紀念品及等候接駁車的空間。在這裡買好票，必須再走一段路經過睡蓮池，才能真正來到地中美術館。

　　由於不想造成景觀的衝擊，美術館正如其名，建在土地之中，再經過精密的建築計算，引入自然光線，尤其走進名為「光庭」的空間，天光從屋頂照射入內，仿如進入天堂，令人感到震撼。館內收藏了莫內的五幅睡蓮系列畫作，難怪剛剛外面會有個如畫的睡蓮池。為了讓觀展者專注用感官在建築和作品上，館內有嚴格禁止攝影的規定，但無論是來欣賞建築大師對於空間掌握的巧奪天工，或是館內展示的作品，地中美術館一定是來到直島最首選的美術館。

1 登上小山，黃南瓜已經變得好小一顆 2 從山腰遠眺高松市 3 地中美術館 ticket center 4 地中美術館入口

地中美術館

🕐 3 月 1 日～ 9 月 30 日 10:00 ～ 18:00（最終入館 17:00）
　10 月 1 日～ 2 月底 10:00 ～ 17:00（最終入館 16:00）
㊡ 星期一（遇國定假日則正常營業，隔日再休館）
¥ 2,100 日圓，15 歲以下免費（入館參觀需事先預約購票）
🏣 香川縣香川郡直島町 3449-1
🚌 宮浦港搭町營公車到「つつじ荘」，再轉搭接駁車在「地中美術館」下車
🌐 http://benesse-artsite.jp/art/chichu.html

1 碼頭上有個女孩不斷跟她船上的朋友揮手道別，紅南瓜成了離別的地標 2 Jose de Guimaraes 的作品 BUNRAKU PUPPET 3 世界上第一支玻璃燈塔「赤灯台」

看了這麼多傑作，已經完全心滿意足了，另一間李煥禹美術館就直接捨棄，這就好像到了京都，如果連續看了幾間寺院神社，即便都很經典、全部是世界文化遺產，邊際效益還是會越來越低。輕鬆踩著踏板沿著西側海岸線騎回宮浦港，先歸還腳踏車。再次走到 I ♥ 湯，猶豫要不要進去泡個錢湯，最後還是作罷，就當成下次再來直島的藉口吧。

距離要乘船回高松還有半小時的時間，到港邊隨意走走，太陽的熱力已不復方才登山時熾烈，是散步的最好時刻，港邊還有 Jose de Guimaraes 的作品「BUNRAKU PUPPET」，色彩鮮豔，相當醒目。海的駅裡有個「直島樂市」，販售當地土產，只見即將上船的遊客忙著選購。日照充足的直島盛產「天日塩」，並以其調味製成相關食品，是最受歡迎的伴手禮，明知是高明的商業手法，但大家都還是樂於掏出錢包（包括我），彷彿不這麼做就無法為旅行留下什麼來過的證明。

傍晚時分，渡輪載著比上午來時更多的遊客緩緩駛離宮浦港，碼頭上有個女孩不斷跟她船上的朋友揮手道別，紅南瓜這次變成歡送大家離去的地標了。夕陽逐漸往西沉下，是一日之中最佳的乘船時段，這次我們沒有猶豫，直接上到甲板，但還是慢了一步，座位早被佔滿，也無妨，就站著欣賞瀨戶內海的夕照，以及雲霞的萬千變化。

船隻平穩行駛，撫過的海面化成一條長長的白色水道，漸漸往建築林立的城市移動接近。開船約 40 幾分鐘後，遠處已經可以看到和其他燈塔不同外型的「赤灯台」，這是世界上第一支玻璃燈塔，如今已成為年輕人約會的聖地。小朋友在燈塔下方開心朝著渡輪揮手，遠方的天空已經轉為一片日落餘暉的茜色，高松港就在前方了。

3 年一次的「瀨戶內國際藝術季」，下次將於 2025 年春天再度開展，春夏秋三段展期直到 11 月初才會結束，如果想到各島嶼觀展可得把握時間，錯過就必須再等 3 年囉。

瀨戶內國際藝術季

http://setouchi-artfest.jp/tw/

天使降臨
小豆島

瀬戸內海最有名的島嶼，應該非「小豆島」莫屬了，觀光資源豐富，又有許多經典電影在此拍攝取景加持，讓小豆島幾乎成為每個來此跳島旅行的人必定造訪之處。島名雖有個「小」字，和直島相比，規模可說是完全不同等級，小豆島人口約 2 萬 8 千人（直島僅約 3 千人），本島面積 153 平方公里（和縣市合併前的高雄市相當），足足比直島大上 19 倍，是瀨戶內海僅次於「淡路島」的第 2 大島，在島嶼眾多的日本也能排到第 19 位，島上甚至還有自成

系統的小豆島八十八所靈場，如此廣闊的區域，在旅遊規劃上也就不是光靠腳踏車能解決的。

小豆島的規模也反映在渡輪的航班數上，以高松港來說，每天有近 30 個班次前往小豆島的土庄、草壁、池田等三個港口，從本州的岡山、姬路或是神戶也都有直達渡輪，交通相當便利。2018 年改版後的「四國鐵路周遊券」，將使用範圍首次加入小豆島渡輪的「高松港～土庄港」的航線（單程 700 日圓，航行時間約 60 分鐘），只要持效期內

的周遊券就可以免費搭乘。如果追求速度，高松到土庄之間也有高速艇，時間僅需 35 分鐘，每天往返各 16 班，票價則是 1,190 日圓（單程），不過這一條航線不能持周遊券搭乘，必須另外購票。

選在早晚氣溫已略有寒意秋天安排小豆島之旅，這一天正好是「立冬」。前一晚住在高松車站高速巴士 terminal 對面的小型商務旅館，房間數不多，似乎就由一對母女經營，入住時會同時詢問隔天早上預訂要用餐的時間，老老闆娘翻了一下筆記本，並記錄了下來。隔天一早來到一樓，就了解為什麼要事先確認，稱不上寬敞的餐廳就只有一張最多可容納 8 人的餐桌，如不事先安排，房客同時出現勢必容納不下。早上負責接待的依然是老老闆娘，我們是登記最早用餐的一組客人，餐點有和式和西式兩種，選好之後只見她俐落的進廚房準備，現點現做，隨後其他房客也陸續現身，將座位填滿，當中有日本人、也有香港人。和食是現煎鮭魚，搭配味噌湯、納豆、漬物和生蛋，還有總讓人想再來一碗的白飯，簡單卻不失美味，比較可惜的是來過日本這麼多次，對於納豆依然感到苦手，用完早餐離開時只好將未拆封的納豆交還給她，避免浪費食材。

早餐後從高松車站慢慢走往高松港，有了上次的經驗，這次沒有任何耽擱，熟悉地利用站前天橋一路從容走到港口，不過尚不確定是否須先換票，為了保險起見，還是先到售票櫃台詢問，得到的答案是：「出示周遊券就可以直接登船。」

搭乘的渡輪名為「しょうどしま丸」號（小豆島丸），是艘超過 1,200 噸的大船，最多可乘載 490 人，船內窗明几淨、裝潢新穎，附有一處賣店，除了一般的座位，也有一處通鋪可讓乘客躺臥小憩。不過對於遊客來說，窗艙外瀨戶內海的景致更加吸引人，蔚藍的天空、層疊的島嶼，看了讓人感到心情平靜，我利用船上提供的免費 wi-fi，在航行途中邊查詢 Google Map，掌握眼前出現的是哪座島嶼。

1 往返高松及小豆島的渡輪 2 小豆島上有自成一格的八十八靈場 3 和食早餐

土庄港

　渡輪在 1 個小時後準時抵達位於島嶼西側的土庄港，初次造訪，面對規模比直島宮浦港大上一截的港口，下船後有點不知該如何是好，所幸很快找到「土庄港観光センター」（土庄港観光中心），裡面設有食堂，也有販售種類豐富的當地土產，不過當下我只想趕快找到旅遊資訊。拿到詳細的市街觀光地圖後，按圖索驥展開今天的旅程。

　不讓直島宮浦港的「紅南瓜」專美於前，土庄港的乘船處附近也有可觀的地標，以橄欖葉為發想的藝術品取名為「太陽的贈禮」（太陽の贈り物）就矗立在港口邊，金色的樹葉環繞成桂冠造型，是為配合 2013 年「瀨戶內國際藝術祭」的開展，由韓國藝術家崔正化（Choi JeongHwa）所設計

的作品。橄欖葉在陽光下呈現炫目的光芒，靠近仔細一看，每片葉子都刻上一句話。崔正化在創作時，特地來到小豆島上的學校，跟小學生說明這個作品，請 102 位 6 年級小朋友寫下要給大海的訊息，這些文字隨後也轉化在每片葉子上，成為作品的一部分，這座「太陽的贈禮」等於是藝術家與當地人所共同完成，也更饒富意義。

　觀光中心前的迴車處旁還有一座名為「和平的群像」（平和の群像）的銅像也不容錯過，是以小說《二十四隻眼睛》（二十四の瞳）中登場人物的女老師和她的學生為範本所做成。這部由出身自小豆島的作家壺井榮於 1952 年所發表的名著，描述昭和 3 年（1928 年）一位來到小漁村的年

1

① 太陽的贈禮是土庄港最醒目的地標 ② 土庄港前的主要街道 ③ 觀光中心前「和平的群像」

輕女老師大石久子和12個純真學生的故事，原本平靜的日常，卻因太平洋戰爭而改變，長大後5個達徵兵適齡的男孩，也逃不過被徵召上戰場的命運，卻再也沒有回來。實際經歷過第二次世界大戰的壺井榮，以女性的溫柔筆觸告訴世人戰爭的無情與無常。

但真正讓這部小說造成轟動，是在1954年由名導演木下惠介改編成同名電影之後，劇組在小豆島實地拍攝，並邀請當紅的女星高峰秀子飾演大石老師，精湛的演技，演活了春風化雨的老師角色，至今仍為影迷津津樂道。影片中大量傳唱日本民謠，也讓這齣電影宛如一場音樂的饗宴，深刻的內涵，更讓這部作品成為日本影史最偉大電影之一。數10年來，這本小說不斷被改編成電影、連續劇，始終沒有任何新作可以超越木下惠介版的成就。

電影上映後熱賣，也立刻讓小豆島掀起一波旅遊熱潮，可說是帶動當地觀光的濫觴，許多日本人對於香川縣的第一印象就是源自這部電影。當時拍攝電影的場景如今也成為「二十四隻眼睛電影村」（二十四の瞳映画村），就位在小豆島東側的田浦漁港附近，是重溫這部經典名作及純樸昭和時代的最佳場所。

二十四隻眼睛電影村

🕐 9:00 〜 17:00
🈺 全年無休
¥ 890 日圓（小學生 450 日圓）
🚌 搭小豆島橄欖巴士田浦線在「映画村前」下車
🌐 http://24hitomi.or.jp/tw/

世界最窄的海峽

如果沒有自駕，公車是島內移動的最佳選擇，而且持四國鐵路周遊券可以免費搭乘「小豆島橄欖巴士」（小豆島オリーブバス），對於自由行旅費的節省很有幫助了。和大都市相比，小豆島的公車班次數或許不那麼密集，不過路線幾乎涵蓋所有旅遊景點，而且非常準時（因為不會塞車）。行前我先印下公車路線圖，再仔細研究「坂手線」（班次最多）、「神懸線」（能前往寒霞溪）、「田ノ浦映画村線」（串連最多景點）的時刻表，組合出一日遊行程。

由於渡輪抵達小豆島的時間與公車的銜接有些空檔，決定先用步行的方式前往土庄的市街。11月上旬氣候穩定，太陽露臉後將寒意驅除，氣溫舒適，很適合在島上閒步散策，詳細的地圖，能指引初次造訪的新手準確地前進。大約走了15分鐘，來到「土庄町役所」，身為觀光客當然不會有洽公需求，目的地是建築物前方世界最窄海峽「土渕海峽」。

一見之下會覺得這是在騙人的吧，因為不到10公尺的寬度比起一般的溝渠還不如，實在很難和海峽聯想在一起（台灣海峽最窄處好歹也有130公里）。然而在地形上確確實實是位於前島（土庄）與小豆島本島（渕崎）之間的海峽，總長度僅約2.5公里，最狹窄的地方就在此，寬度只有9.93公尺，經金氏世界紀錄認證，是全世界最窄的海峽，只要3秒鐘，就可以橫渡跨在海峽上方的「永代橋」。土庄町役場還貼心發行「橫斷證明書」，讓大家可以為這難得的海峽橫斷體驗留下紀念。

1 土渕海峽是金氏世界紀錄認證世界最窄海峽 2 世界最窄的土渕海，左邊就是土庄町役所 3 小豆島橄欖巴士 4 迷路的街道 5 在迷路的街道遇到妖怪 6 第五十八番札所「西光寺」 7 「西光寺」的山門

　　緊鄰土庄町役場還有一處有趣的地方，名為「迷路的街道」（迷路のまち），這一帶是土庄町的中心，街廓內是島民的住家、商店，小巷弄穿插其間，如果恣意隨走，恐怕真的會讓人迷路其間。會有這樣的設計或許不難理解，日本古代在瀨戶內海也有日本稱為「海賊」的海盜出沒，作家和田龍就曾以小說《村上海賊的女兒》，寫活了戰國時代在海上橫行無阻的村上海賊事蹟。面對不知何時會來襲的敵人，不規則的小路成為面對海賊威脅及冬天冷冽海風下，守護島民生活的屏障。

　　我對這樣的街道並不陌生，同樣靠海的台南安平老巷弄，也有著同樣錯綜、蘊含先人智慧的設計。或許是擔心困在這讓人分不清東西南北的巷道裡，有些人戰戰兢兢留意著地圖、仔細確認方向，其實稍微迷路一下也無妨，反而更能體驗這個區域的樂趣。我們就在不知不覺中走到小豆島八十八靈場第五十八番札所「西光寺」，醒目的山門、一棵被土庄町指定為天然紀念物的大銀杏聳立寺內，柔和的陽光從樹梢間錯落灑下，與朱紅色的奧之院「誓願之塔」形成一幅美麗的畫面，境內寧靜，只有職員規律地掃地聲，是短暫但讓人印象深刻的參拜經驗。

土渕海峽 & 迷路的街道

🚌 搭小豆島橄欖巴士在「土庄本町」下車，徒步約 1 分鐘

土渕海峽　　迷路的街道

寒霞溪

　　離開迷路的街道，走到「土庄本町」站牌，搭乘公車往島的東邊移動，開始用另一個視角來看這座島。以面積而言，小豆島的人口算相當稀少，多山的地形，讓島上居民大多集中在港口附近的區域，公車有時往山的方向行進，海似乎變得遙遠，或許是尺度和直島截然不同的關係，有時不太有來到島嶼的感覺。

　　在「草壁港」站牌下車，對面小小的公車亭已經排了一長排的人潮，都是準備搭乘神懸線往「紅雲亭」的乘客。這時已開始進入賞楓旺季，四國紅葉名所之首的「寒霞溪」正是位於小豆島的中央，隨著紅葉見頃的日期越加接近，觀光客會以等比的速度增加，小豆島橄欖巴士也會配合加開車次疏運激增的旅客。這時第一輛公車已經客滿，我們被引導搭乘第二輛，

一前一後往山裡的方向爬坡前進。

　　14 分鐘後抵達這班公車的終點紅雲亭，這裡是「寒霞溪纜車」（ロープウェイ）的起點，乘客下車後一股腦地擠往纜車售票處。順利搭上最近的一班纜車，僅能容納 40 人的車廂，擠得猶如通勤時段的滿員電車。在鋼索的帶動下，纜車沿著溪谷迅速攀升，視野也隨之開闊了起來，車廂前後都是整片的玻璃，不會遮蔽視線，瀨戶內海、溪谷、紅葉組合而成的絕景，讓「綺麗」（美麗）的讚嘆聲不絕於耳，不愧是日本三大絕美溪谷之一。纜車果然是登山神器，只消 5 分鐘的時間就載著大家從海拔 296 公尺來到位在 612 公尺的山頂車站。不過便利的代價也不斐，來回車票要價 1,890 日圓，我利用寒霞溪官網提供的 9 折優惠頁面，稍稍為荷包止點血。

山上的氣溫比平地低了許多，日陰處從山谷吹來的寒風，足以讓人提前感受冬天的氣息，趕忙穿上羽絨外套禦寒。走到景觀最好第一展望所，可以眺望溪谷、山下的草壁町、內海灣，以及二十四隻眼睛電影村所在的「田浦」，天氣晴朗時，也能輕鬆看到四國本島。曾獲直木賞的作家角田光代原作《八日目の蟬》（第八日的蟬）所改編拍成的同名電影，有一幕踏上逃亡旅程的永作博美帶著小朋友眺望內海灣，宛如發現另一個新世界的場景，就是在山頂的第二展望台拍攝，也成了許多影迷朝聖必訪的景點。

以山頂車站為中心，主要有三條步道：「表12景」、「裏8景」、以及通往小豆島最高的「星ヶ城登山道」，三條大約都是2公里左右的長度。如果對體力有自信的話，表12景或裏8景的步道均能通往山下的紅雲亭，當成登山步道緩緩的走，沿途可以欣賞火山運動、歷經2百萬年歲月才形成的奇岩怪石絕景，也能省下一趟車資。順著地圖指示，我們雖然只走了表12景大約一半的路程，沿途楓紅點點，已讓人覺得不虛此行，心滿意足地折返回山頂車站。

3

寒霞溪纜車

🕗 8:30 ～ 17:00（依季節而略有調整）
㊡ 全年無休
¥ 單程大人（中學生以上）1,300 日圓、小學生 650 日圓
　往返大人（中學生以上）2,340 日圓、小學生 1,170 日圓
　（11月份旺季及12月11日～3月20日淡季期間價錢略有不同）
🚌 搭小豆島橄欖巴士神懸線在「紅葉亭」下車
🌐 http://www.kankakei.co.jp/

1 要前往紅雲亭的公車　2 在纜車內就可以欣賞溪谷之美　3 第一展望所眺望瀨戶內海　4 第一展望所
5 電影第八日的蟬的取景地之一

橄欖公園

　　算準發車時刻，搭乘纜車下山後順利轉乘公車，再次來到草壁港，短暫的候車，搭乘坂手線往「橄欖公園口」（オリーブ公園口），下車處就有明確的指標引導遊客前往「橄欖公園」。島上公車站名冠上「橄欖」（オリーブ）的就有好幾處，要留意不要下錯站了。先經過一段 200 多公尺的上坡，就可以看到兩旁有許多小豆島最具代表性的植物橄欖樹。受惠於瀨戶內海地中海型溫暖少雨的氣候，小豆島種植橄欖樹的歷史可追溯到明治 41 年（1908 年），是日本最早成功栽培橄欖樹的地方，如今已成為島上重要的產業之一。

　　途中看到許多人拿著掃帚往左邊移動，每個人臉上都掛著笑容，在好奇心驅使之下，跟隨他們的腳步前進。穿過一片橄欖樹林後，一片寬闊的草地讓視線豁然開朗，眼前出現的景物更令人感到興奮！小豆島的地標「希臘風車」（ギリシャ風車）就聳立在小山丘上，面對著瀨戶內海，風車迎著風緩緩轉動，手拿「魔法掃帚」的遊客，不分男女老幼，無一不將自己想像成魔女琪琪，騎乘在掃帚上，不斷奮力跳躍，期望旅伴能拍出一張宛如正在天空翱翔的照片，這畫面實在逗趣，讓我們在一旁笑到合不攏嘴。

1 小豆島的地標「希臘風車」　2 橄欖公園內希臘式建築　3 幸福的橄欖色郵筒　4 最受歡迎的魔法掃把　5 橄欖樹林

　　這座希臘風車真的與希臘大有關係，位於南歐的希臘同樣有許多離島如星點羅布在愛琴海上，其中「米洛斯島」面積與小豆島相仿，為了國際交流，兩座島嶼在1989年締結為姊妹島，希臘風車在1992年完成，作為雙方友好的見證，當時大概誰也沒有想到這座風車日後會成為大家對小豆島的第一印象。

　　從希臘風車往上走，有棟名為「Corico」白色木造小屋，是真人版「魔女宅急便」電影的攝影場景之一，充滿異國風情的設計，許多網美在此自拍得不亦樂乎。

　　另一邊有一棟大型建築物「橄欖紀念館」（オリーブ記念館），是公園內最主要的設施，一入內大廳穹頂下方一尊純白的雕像，是橄欖樹女神雅典娜，張著手臂，彷彿在迎接眾人的到來。雕像左後方有個可愛的角落，一整排的魔法掃帚整齊掛在牆上，掛勾還是黑貓吉吉的樣式，原來剛剛大家就是來這裡借掃帚啊！紀念館很大方，任何人都可以免費借用。館內還展示著小豆島種植橄欖樹的歷史與產業發展，資料齊全完整，值得慢慢閱覽。

在台灣算是相對少見的橄欖樹，自然想讓人帶些什麼紀念品回來。一般正常的橄欖葉不大，呈細長條狀，有極少數在生長時會連在一起，呈現愛心的形狀，據說發現的話能帶來幸福，因此又被稱為「幸福的橄欖葉」，公園內還特別開放一區的橄欖林讓大家自由尋找，只要能找到，想摘幾片都可以。心形的橄欖葉可以拿到紀念館的櫃台護貝，做成一枚全世界獨一無二的御守。我們在樹林裡仔細尋找，費了好一番工夫，最後只有找到形狀有些相近的葉子，直呼可惜。紀念館內還有人聲鼎沸的土產處，網羅小豆島的特產，如橄欖相關製品、醬油、素麵、佃煮，即便以日本的標準來看，也都是品質很好的商品，很適合採買作為伴手禮。

小豆島橄欖公園

🕐 8:30 ～ 17:00
㊐ 全年無休
¥ 免費
🚌 搭小豆島橄欖巴士坂手線、福田線、田ノ浦映画村線在「橄欖公園口」下車，徒步約 5 分鐘
🖥 https://www.olive-pk.jp/

小豆島
橄欖公園

小豆島
橄欖巴士
時刻表

小豆島
橄欖公園
路線圖

1 白色小屋 Corico
2 橄欖紀念館展示小豆島種植橄欖樹的歷史 3 橄欖紀念館內的橄欖樹女神雅典娜

天使的散步道

天使的散步道

　　精彩的橄欖公園讓人捨不得離去，不過接下來的景點光是名字就很吸引人，然而必須配合一天兩次的潮汐時間才適合前往。再次搭乘橄欖巴士，在「国際ホテル」（國際旅館）公車站下車，往前走一小段路就能抵達海邊。這一天下午最大的退潮時間是 16:47，前後 2～3 小時（總共有近 6 小時）是「天使的散步道」會從退去的海水中浮現的時間，因此特地安排在下午 3 點半之後造訪。

　　日本的年輕人習慣以比較「お洒落」、也就是時髦一點的說法「エンジェルロード」（Angel Road）來稱呼這裡。漲潮的時候，從國際旅館這一側的「弁天島」望過去，「中余島」孤零零的聳立在海上，但神奇的是，隨著退潮時間越接近，一條細長的沙洲就會慢慢出現，由細而寬，直到下次漲潮時再次完全沒入海中，終而復始，是潮汐現象帶給當地的奇景。於是當地流傳著一種說法，「和重要的人牽手一起走過這條天使之路，願望就能實現」，自然美景與浪漫的傳說，讓這裡一躍成為「戀人的聖地」。

中余島上有尊小小的佛像，一旁樹上掛滿著木製心形及貝殼繪馬，寫著許多人的心願，大部分都是跟天使祈求戀愛順利，這些充滿甜蜜愛意的溫暖語彙，更為此增添了浪漫氣息。信步走回弁天島，順著石階登上制高點，是「約束の丘展望台」，高台上有一座銅鐘可讓戀人一起敲響，許下誓願，這裡同時也是欣賞 Angel Road 的最佳地點。

有些人拍完天使的散步道後很快就離開，原本也想趁著天色猶亮再次挑戰迷路的街道，或是到土庄港邊走走。然而秋季午後的陽光和煦，讓人想多待一會兒，於是再次慢慢走回天使的散步道，用五感好好體會在小豆島停留的短暫時光，直到夕陽完全沒入西邊的山岬。

搭乘公車回到土庄港，原本被彩霞渲染的橘紅天空轉為深藍色，夜幕即將完全低垂，也到了該搭船離開小豆島的時刻。出示周遊券後直接進入船艙，趕緊來到上層的甲板，望向港口，只見太陽的贈禮在夜色中依然閃耀著光芒，守護渡輪平安朝高松而去。

天使的散步道

- 🕐 24 小時開放（建議配合一天 2 次的退潮時間前來）
- ¥ 免費
- 🚌 搭小豆島橄欖巴士西浦線在「国際ホテル（エンジェルロード前）」下車，徒步約 5 分鐘
- 🌐 http://www.shodoshima-kh.jp/angel/

1 天使的散步道全景　2 約束の丘展望是欣賞 Angel Road 的最佳地點　3 佛像旁掛滿著木製心形及貝殼繪馬　4 約束の丘展望台　5 從中余島回頭望向國際旅館

善通寺　遍路小旅

如果四國遍路只選一處參拜，我會推薦第七十五番「善通寺」。這裡是大師的誕生地，也是八十八所中，規模最大的一座寺坊，與京都東寺、高野山金剛峰寺並稱弘法大師三大靈場。

搭乘電車抵達 JR 善通寺出站後，我先來到一處名為「おしゃべり広場」的地方，在這裡填寫簡單資料，就能租借自行車代步。善通寺附近有七十二番「曼荼羅寺」、七十三番「出釋迦寺」、七十四番「甲山寺」，可以一併前往參拜。

騎著自行車，順著車站前的大馬路直行，一下子就抵達善通寺。山門寫著山號「五越山」，入內後一棵樹齡超過千年的巨大楠木與壯觀的五重塔分立兩側，境內佔地廣闊，參拜者絡繹不絕，讓人不禁讚嘆：「果然是大師的主場」，因為無論規模或是人潮，都是其他靈場難以望其項背的。

善通寺以大師父親佐伯善通的名字命名，分成東院和西院，東院迦藍有鐘樓、五重塔及金堂（即本堂）。大師堂（御影堂）則位於西院，這裡原本是大師家族佐伯家的邸宅，是大師誕生的聖地，後來改建成寺院，又稱「誕生院」。御影堂的地下有一條約 100 公尺戒壇之路，參拜者在完全沒有任何照明的黑暗空間慢慢前近，是照見自己內心的精神修養道場。

1 善通寺山門 2 JR 善通寺站 3 善通寺五重塔 4 善通寺本堂 5 善通寺御影堂

七十四番「甲山寺」

　善通寺內值得參觀的地方實在很多，所以停留時間也比在其他靈場要多出不少。接著移動前往甲山寺，與善通寺距離大約 1.6 公里，從七十五番到七十四番算是逆行方向，沿途小紅人的標誌並不明顯，小心翼翼地依照事先列印好的地圖前進，經過一處住宅區，再沿著河岸前行順利抵達。

　和人潮雜沓的善通寺相較，甲山寺規模顯得小巧許多，只見幾位遍路者專注的在本堂前參拜，誦經聲繚繞。弘法大師以修築朝廷「滿濃池」所獲得賞金，創建甲山寺，本堂供奉的藥師如來佛，以及在大師堂後方岩窟的毘沙門天像，都是出自大師手雕。甲山寺有個可愛的別稱「兔子寺」（うさぎ寺），大門、中門及茶堂上方可以看到許多姿態生動的兔子黑瓦，裝飾屋頂，抬頭尋找兔子也成了來這裡參拜的一項樂趣。

1 甲山寺 **2** 甲山寺毘沙門天尊

七十二番「曼荼羅寺」

　離開甲山寺後，下一處距離較近的靈場並不是七十三番出釋迦寺，因此先跳過，改前往七十二番曼荼羅寺。這段路程稍遠，不過沿路大多是稻田平房，遠處是翠綠的里山景致，很有四國風情。

　以年代來說，曼荼羅寺是八十八靈場中，歷史最悠久的一處，由讚岐的領主佐伯家創建，名為「世坂寺」。弘法大師從自唐歸來後，將從中土帶回來的金剛界與胎藏界曼荼羅安置於此，寺名才改為「曼荼羅寺」。依序在本堂、大師堂參拜誦經，並在納經所納經後，往下一個靈場移動。

1 曼荼羅寺本堂 **2** 曼荼羅寺境內一景

七十三番「出釋迦寺」

連續造訪三處靈場後，總算有機會可以「順打」，亦即順著編號參拜。七十三番出釋迦寺與曼荼羅寺僅相距5百多公尺，不過位在半山腰，後半段幾乎都是牽著腳踏車行進。

出釋迦寺最有名的，莫過於弘法大師年幼時發生的一段「捨身嶽」傳說。當年7歲的真魚（大師俗名）攀登我拜師山時，向釋迦如來發願將來要進入佛門、廣傳佛教救更多世間的人，接著就從斷崖峭壁跳下，或許是佛祖有感應，這時天空飄來一片紫雲，釋迦如來與羽衣天女降臨，天女將真魚抱住救了一命。長大後，大師在我拜師山創建堂宇，供奉釋迦如來，取名為出釋迦寺。

在寺中專心的誦經參拜，感謝大師一次又一次的庇佑，讓每次四國旅行都能平安，並讓內心注入滿滿的能量。

1 出釋迦寺大師堂 **2** 在出釋迦寺可眺望讚岐平原 **3** 出釋迦寺以捨身嶽禪定的傳説而廣為人知

偕行社

一次完成四處靈場的參拜，心滿意足地騎著腳踏車，經過善通寺後回到廣場還車，這段來回超過10公里的路程，多虧有腳踏車代步，節省了不少時間。

走回車站前，被一棟漂亮的白色木造平屋吸引了目光。這棟全名為「舊善通寺偕行社」的建築，建於1903年，是軍方將校軍官社交而創立的設施。明治時代在日本許多地方都有設立偕行社，如今僅有少數被保留下來，善通寺偕行社保存完整，經整修後已被指定為重要文化財，現在內部開放免費參觀。緊鄰的「偕行社かふぇ」咖啡店，洋式建築既摩登又帶有復古氣氛，明亮的落地窗外有一片大草坪，是遍路者途中歇腳充電的好地方。

香川

德島

愛媛

高知

愛媛縣

少爺的松山

因為夏目漱石的名著《少爺》（坊ちゃん），讓松山和少爺幾乎可直接劃上等號。

這部日本國民小說，是夏目漱石在 1906 年（明治 39 年）所發表的作品，一般均認為這部半自傳性質的小說，是以他 28 歲時，實際在松山市尋常中學校教英文的經驗為藍本所寫成，其實書中從頭到尾完全沒提過「松山」這兩個字，但大家都知道故事的舞台是哪裡。

故事以第一人稱進行，自稱生性遺傳自父母而有些魯莽的少爺，從小就不太得父母的寵，和哥哥感情也不融洽，唯有在家幫傭的老太婆阿清對他無比疼愛，成了比家人還親的人。在少爺中學畢業前，母親和父親相繼過世，哥哥將家產處理後分了一些錢給他，正思索該怎麼利用這一筆錢的少爺偶然經過一所物理學校看到招生簡章，立刻辦理入學，並完成了三年的學業。畢業後校長介紹他到四國一所中學擔任數學老師，對於人生沒有什麼打算的少爺，竟也當場就答應了。

初出社會隨即離鄉背井，從東京遠赴四國，個性率直莽撞的少爺，卻遇到優柔寡斷表裡不一的校長（狸貓）、阿諛奉承耍盡心機的教務主任（紅襯衫）、只會對長官一昧拍馬逢迎像唱戲的美術老師（馬屁精）、脾氣暴躁但耿直的數學科主任（山嵐）、老實到被搶走未婚妻還被逼迫離開學校遠調九州延岡的英文老師（青南瓜）、以及和青南瓜解除婚約的白皙美女（瑪丹娜，マドンナ），還有一群老愛嘲笑作弄少爺的頑皮學生。

少爺原本就只是想有個工作，對教育並不抱太大熱忱，且已經多次被學生惹惱，更受不了校長和紅襯衫藉勢享受特權及所作所為，最後終於逮到機會，和山嵐聯手，狠狠將紅襯衫和狗腿美術老師修理一頓，緊急丟下辭職信、趕忙逃回江戶。

雖然是百年前的作品，但節奏輕快流暢，搭配少爺以天龍國（東京）觀點看待一切事物，將他眼中的鄉下地方貶損得一文不值，讓故事充滿趣味與詼諧，對於場景的描繪也很有畫面，閱讀時可以心領神會。

書中對於自私人性的描繪、職場的逢迎和鬥爭傾軋，以現代的眼光來看依然讓人點頭如搗蒜、產生共感，沒有因為時間久遠而造成隔閡。少爺曾多次被改編成電影、連續劇，也曾繪成漫畫，小說更是持續銷售著，是夏目漱石最受人喜愛的作品，在日本是無人不曉的名著。

因為少爺這部小說，讓松山成了全國皆知的地方，書中少爺每日必定要報到的道後溫泉、搭過的火車、最愛的點心糯米糰子，如今都成為當地最大的觀光賣點。

1 少爺最愛的糰子 2 少爺每天必定會來報到的溫泉 3 少爺時代的火車 3 由右到左依序為校長狸貓、青南瓜、山嵐、少爺、瑪丹娜、紅襯衫、馬屁精

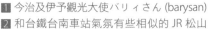 今治及伊予觀光大使バリィさん (barysan)
 和台鐵台南車站氣氛有些相似的 JR 松山站　3 JR 松山站

松山站和伊予鐵道

　　一個深秋的上午，我們搭乘特急列車「いしづち」（石槌）1 號在 10:05 準時抵達 JR 松山站。小小的月台、幾排木製長條座椅朝著列車的方向，流露著和台鐵台南車站幾許神似的氣息。走出閘門，一隻頭戴皇冠的黃色小雞以最萌姿態歡迎著往來每位旅人，她是今治及伊予的觀光大使「バリィさん」（barysan）。

　　日本各地的吉祥物何其多，競爭非常非常激烈，バリィさん是繼 2011 年的熊本熊（くまモン），勇奪日本 2012 年「ゆるキャラグランプリ」（吉祥物大賽）票選第 1 名的吉祥物，擁有專屬網頁，和熊本熊可說是同等級的大咖呢！

　　松山是四國第一大城，不過 JR 松山站的規模卻遠不如 JR 高松站，木造的白色玄關呈現三角形，搭配黑色屋瓦，機械式圓形時鐘下方大大寫著「松山驛」三個字，還依稀保有 1927 年開業時的樣貌，左前方廣場立著一顆大石頭，上頭寫著當地出生的俳句名家正岡子規所作的俳句「春や昔 十五万石の 城下かな」（註），果然是一個充滿文學和歷史氛圍的城市。

走出車站往左前方走，經過地下通道，可連接到路面電車月台。一輛往道後溫泉的電車正好進站，我們立刻跳上車。「我很快地找到車站，買好票。到車廂內才發現這輛車簡直像個火柴盒似的，列車搖搖晃晃地開了5分鐘，我就下車了，怪不得車票只要3毛錢。」搭上這部電車，讓我想到《少爺》中描繪主角從東京初抵四國，準備到中學校赴任的情景，文句中流露出一種優越的都市人對鄉下地方的嘲諷。

松山市的路面電車是由「伊予鐵道株式會社」所經營，包括市內電車及郊外的路線。搭乘2、3、5號線市內電車都可以前往道後溫泉，持四國鐵路周遊券就能免費搭乘，不用再購票。路面電車行駛在馬路中央，也必須遵守交通號誌，速度不快，從松山站前出發，直行幾百公尺後就可以看到昂然屹立在勝山頂的松山城，左轉就是縣廳，是上世紀的壯觀古建築，接著是最熱鬧的商業區大街道，車上乘客在此下了一大半，再經過90度的左轉和右轉，就接近道後溫泉了。

路面電車車廂內空間確實不比地下鐵寬敞，行駛起來也的確比較緩慢搖晃，不過我反而還喜歡路面電車多一些，緩緩的速度，可以用更清楚的視線，看著初次見面城市的容顏與脈動，而不是全世界地下鐵都呈現同樣無趣的地下隧道畫面，有這樣便利的市內路面電車，我反而羨慕起松山市了。

註：舊日的松山城在十五萬石的松山藩統治之下繁榮無比，但現下已經不復見。這是正岡子規在從軍前的3月春天所寫下的，充滿對離開故鄉的不捨。

1 JR松山站前路面電車月台 2 縣廳 3 路面電車車廂 4 伊予鐵道株式會社的路面電車 5 正岡子規俳句「春や昔 十五万石の 城下かな」

道後溫泉本館

湯婆婆的湯屋真的存在

從JR松山站出發，只需25分鐘的車程就可以抵達市電「道後溫泉站」，這時月台正停靠一輛準備發車的復古蒸氣式「少爺列車」（坊っちゃん列車），立刻成了大家合影拍照的焦點，左側是一輛低底盤現代款式的路面電車，穿越時空的新舊對照，甚是有趣。

擁有全國高知名度的道後溫泉，無論平時或假日都有不少觀光客，這回遇到日本三連休假期，人潮讓小小的車站變得熱鬧不已，許多人正排隊準備搭乘這輛火車。發車時刻一到，少爺列車鳴著響亮「嗚～嗚～」的汽笛聲，以神氣的姿態開走，彷彿要告訴世人它與其他電車大不同。

站前就是道後溫泉商店街入口，一旁是放生園，有一座「少爺機關鐘」（坊っちゃんカラクリ時計），以及免費的足湯，和道後溫泉使用同樣的泉源，是松山對觀光客的款待。

1 蒸氣式少爺列車和低底盤現代款式的路面電車 2 放生園的免費足湯 3 市電道後溫泉駅前就是道後商店街 4 少爺機關鐘

外型以道後溫泉本館「振鷺閣」為題材所設計的少爺機關鐘，平時與一般在公園常見的時鐘無異，在整點時則會大變身，鐘樓配合輕快的音樂緩緩升起，夏目漱石小說《少爺》裡的登場人物陸續出現，躍然律動，讓人又回味一次書中情節，值得駐足欣賞。

‖ 少爺機關鐘 ‖

🕐 8:00 ～ 22:00（整點演出）
遇週末假日、3 月、4 月、8 月、11 月、年末年始、5 月黃金週時，
每 30 分鐘一次

道後溫泉商店街呈 L 型，全長 200 多公尺，聚集許多知名店家，如一六本舖、六時屋、伊織、母惠夢、つぼや……，販賣當地特產名物，整條商店街就像是被精選出來的全明星隊，店家都有一定水準，非常好逛。走到商店街的終點，眼前建築讓人眼睛為之一亮，這不正是宮崎駿電影「神隱少女」湯婆婆的湯屋嗎？不，這是松山最具代表性的觀光勝地：「道後溫泉本館」。

　　道後溫泉本館是一棟超過 120 年歷史的建築，在 1894 年落成時，嶄新的和風設計，讓 1895 年即遠赴松山教書的少爺（夏目漱石）驚艷不已，「在我眼裡這裡樣樣都不如東京，唯獨溫泉非常棒。既然都來到這裡，不如就每天去一趟，當作晚餐前出門運動。……溫泉是新蓋好的三層樓建築，只要八錢就有出借浴衣和擦背的頭等服務。」

　　許多日本皇室成員，例如昭和天皇都曾數次親訪的道後溫泉本館，有著數不清的頭銜，如重要文化財、平成百景、米其林 3 顆星的肯定，即便如此，道後溫泉本館依然以公共澡堂的形態、百年如一日，從早到晚服務前來的每一個人，而且價格親民，以最便宜神之湯階下來說，只要 420 日圓就可以體驗日本最古的溫泉。當然，一分錢一分貨，如同少爺所處的明治時代，也可以選擇其他價格，會有浴衣、毛巾、茶點，或是個別休憩室的附加服務。

1 2 道後溫泉本館

1 2 道後溫泉本館 3 道後溫泉本館一入內就有置鞋櫃 4 5 道後溫泉商店街
6 道後溫泉商店街：蜜柑之木 7 道後溫泉商店街：六時屋

神之湯

買完票入內，先擺放鞋子（可上鎖），然後將入浴券交給小亭子裡的人員撕下，就可進入，沒有帶毛巾的話，也可在此租用。裡面有付費置物箱，可將隨身物品放置在此，拿著輕便的物品進入男湯（或女湯），更衣室有無料的置物櫃。

神之湯浴室空間寬敞明亮，牆壁用的是大理石，並以大型陶版畫裝飾，「溫泉浴池用花崗岩砌成，約十五張塌塌米大小，通常有十三、四人泡在裡面，也有沒人的時候。水深大約到我的胸部，在溫泉裡游泳是相當快活的運動。我會趁著沒人的時候在十五疊大的浴池游泳，超開心的。」但沒多久，溫泉的牆壁上就貼著溫泉裡禁止游泳的公告，少爺也從此打消在浴池裡游泳的念頭，如今男湯的浴池牆壁上就掛著「坊ちゃん泳ぐべからず」（少爺請勿在湯池內游泳）的木牌，看了不禁令人莞爾一笑。

身體沖洗乾淨後進入浴池，溫泉水溫度適中，不會太燙，泡在裡面，感到好幸福，這大概就是日本人說的「至福之時」吧。

除了觀光客會來神之湯朝聖，浴池內有更多是當地的常客，只見老人們悠閒的享受著，泡完後再神色清爽的回家，對他們來說，來本館泡湯應該是每天生活都不可或缺的一部分吧。男湯內分成東浴室、西浴室兩區，建議兩處都體驗看看，女湯則只有一池。

神之湯階下的入浴時間限制雖說是 1 小時，但並沒有嚴格管制，而且 1 小時對泡溫泉來說也綽綽有餘了。更衣處有水和熱綠茶，可在泡湯後慢慢喝杯茶補充水分、休息一下再離開。

神之湯二階席

1

靈之湯

　　如果想要有更好的服務，可以選擇靈之湯二階席，或靈之湯三階個室。兩者都可以使用本館二樓的靈之湯浴室，還包含浴衣、毛巾、綠茶、點心，以及參觀皇室專用的「又新殿」門票。差別在後者有位於3樓的單間休息室，點心也從仙貝換成糰子，浴衣則是更經典的白鷺紋樣。當然囉，少爺時代的擦背服務早就沒有了。

　　靈之湯三階個室僅有8間，多了些清靜和隱私，且和二階席的價格差異不大，因此在一些熱門假日很容易客滿，相當搶手。

　　我們買好靈之湯三階個室的門票進

入本館，工作人員會接力引導客人，被帶上二樓時，工作人員還提醒樓上說：「是外國客人喔！」，三樓的工作人員隨即接手帶我們走進房間，並跪坐在塌塌米上，仔細說明使用須知後，並給一把鑰匙。木造隔間的個室就像日本老舖溫泉旅館，散發淡淡塌塌米香氣。

　　我們換好浴衣，將個人物品鎖進衣櫃後來到二樓，一側是較大的神之湯二階席專用大通舖，另一側是靈之湯二階席休息區，靈之湯的男、女浴室集中靠近樓梯旁。購買靈之湯入浴券的客人也可以使用一樓神之湯，所以

1 2 靈之湯三階個室 3 靈之湯三階個室茶點 4 靈之湯三階個室門票

工作人員除了說明浴室的位置，也提到如果要使用神之湯，請再告訴他們。的確需要專人引導，因為道後溫泉本館內的通道錯綜複雜，宛如迷宮，初來乍到很容易迷路。

靈之湯的浴槽用庵治石和大島石砌成，打造出高級的質感，浴室空間和神之湯相較小了許多。泡了一會兒，穿好浴衣出來，跟工作人員說我要到神之湯，隨即引導走專用的樓梯，還推薦一定要到少爺游泳的東浴室泡湯。

在東浴室泡完，我也去了西浴室，連續泡了三個浴池，身體熱呼呼的，心滿意足回到三樓個室，工作人員隨即送上茶和點心。我們坐在塌塌米上，品嚐少爺最愛的糰子，看著窗外已有120餘年的本館建築，這時傳來一陣鼓聲，是位於頂樓振鷺閣「刻太鼓」的正午報時，渾厚質樸的聲音迴盪在空氣中，猶如真的回到少爺的時代，真是特殊的泡湯體驗。刻太鼓在每天早上6時、正午12時、晚上6時，定時由專人擊鼓，每天清晨的鼓聲也象徵著溫泉街一天的開始，是松山人都熟悉的聲音，已被日本環境省選定為「殘存的日本音風景100選」之一。

少爺房間與又新殿

位於本館三樓的個室其實有9間，其中一間保留成為少爺房間（坊ちゃんの間），只要入內泡湯都可自由參觀。房內有一尊夏目漱石的半身雕像，上方字軸寫著文豪晚年表達對文學、人生理想的名言「則天去私」，房間內也展出多幀他和家人的照片。

參觀又新殿則會有專人導覽。皇室專屬的湯殿，在明治32年（1899年）完成，有專用的出入口「御成門」，裡面分成前室、御居間、玉座之間、武者隱藏之間、浴槽，其中玉座之間只有天皇陛下能使用，充滿神聖的威儀感，其他皇室成員則只能使用御居間；階梯式的浴槽小小的，流出溫泉水的湯釜所使用材質和靈之湯無異，都是最高級的庵治石，遠從150公里外的香川縣運來。工作人員用日語詳細解說這些空間的用途、藝術成就，以及曾到過的皇室成員。

「最後一次皇室使用是1952年常陸公正仁親王。」年代已有些久遠，館方雖然盡力維護，仍不敵歲月，部分拉門已經破損，用銀箔繪製的紋樣也都氧化，顯出繁華落盡的滄桑，「這些將待即將到來的保存修復工事一併修復，恢復往日風采。」負責導覽的工作人員說道。

為了表示對皇室的尊重，又新殿不能拍照。

註：2019年已正式展開修復工程，工期預計7年，整修期間，部分湯池仍繼續對外營業。

少爺房間

1 振鷺閣 2 道後溫泉本館三樓個室走道 3 祈求生病痊癒的玉之石

道後溫泉的歷史

　　道後溫泉的歷史最早可追溯自 3,000 年前的神話時代開始，傳說有隻腳受傷的白鷺，浸泡這裡的溫泉水後就痊癒了，村民發現並確認是溫泉，開始傳頌此一傳說。也因此，白鷺成為了道後溫泉的象徵，屋頂及本館周圍的柵欄上，都可以看見白鷺雕像，頂樓的鼓樓也取名「振鷺閣」，都與此白鷺傳說有關。

　　除了神話的起源，道後溫泉和日本皇室也有很深的因緣際會。早在西元 596 年，聖德太子就曾來過道後溫泉，還流傳下一首碑文，歌頌這個像長壽天國的溫泉鄉，之後景行天皇、仲哀天皇、神功皇后、舒明天皇、齊明天皇（皇極天皇）、中大兄皇子（就是之後的天智天皇）、大海人王子（即天武天皇）等眾多皇族皆曾前來，近代則有昭和天皇，道後溫泉可說是一處充滿皇室色彩的溫泉。

　　泡完溫泉，我們到館外好好欣賞這棟宛如神隱少女湯婆婆湯屋的華麗建築，正巧有對新人來此取景拍照，傳統和服和本館完全沒有違和感。

本館右前方有個「少爺廣場」（坊ちゃん広場），也是觀光客不會錯過的拍照景點。少爺書中主要登場人物雕像集合在一起，姿態生動，讓紙上人物有了具體的形象，唯一落單、穿著浴衣手披紅色毛巾擦汗、蓄著小鬍子的當然就是夏目漱石本尊了。廣場有一家「谷本蒲鉾店」，販賣用魚肉做成的「じゃこ天」（魚肉天婦羅），生意頗佳，現點現做，是很受歡迎的小吃，滋味也很不錯。

1 少爺廣場 2 本館處處可見白鷺雕飾 3 夏目漱石（少爺本尊）公仔 4 谷本蒲鉾店

道後溫泉本館

🕐 6:00 ～ 23:00
㊡ 全年無休
¥ 大人 420 日圓，12 歲以下 160 日圓

椿之湯

　　如果不喜歡遇到太多觀光客，位在道後溫泉商店街 L 轉角處的「椿之湯」（椿の湯）是另一處絕佳泡溫泉場所。鋼筋水泥的大型建築，高聳的白色立面，經過時很難錯過這棟醒目的建築。

　　椿之湯和道後溫泉本館是姐妹湯，溫泉泉源完全相同，沒有本館複雜的入浴選項，因為幾乎完全都是當地民眾在使用，成人入浴料金只有單一價 400 日圓，在入口處的自動售票機購票後入場，即可享受和本館一樣的溫泉。

　　初訪椿之湯是在上午到今治走完遍路第五十五番南光坊，下午接續第五十番繁多寺、第五十一番石手寺後，沿著往道後溫泉的指標前來，全日超過 10 公里的路程，歷經上午的大雨及午後開始的燠熱天氣，讓我們幾乎耗盡了體力，並濕透了笈摺白衣，走到椿之湯宛如看到活力的泉源，毫不考慮隨即投幣買票。

　　更衣室內有可上鎖的置物箱，只要 10 日圓，記得先將零錢準備好。浴場比起本館神之湯還要更大，天井挑高至少有 4

米，有絕佳的採光，牆壁以白鷺壁畫裝飾，溫泉池也以花崗岩砌成。方才密集步行產生的疲憊，在溫泉水的滋潤下消除，頗有刻在男湯溫泉出水口湯釜上正岡子規所寫俳句「十年の汗を道後の溫泉尓洗へ」（十年汗水在道後溫泉洗掉）同樣的舒暢。

湯池裡清一色都是當地的長者，幾乎都有著足以當我阿公的年紀，只見他們輕鬆的泡著湯、偶爾聊個幾句（因為彼此都認識），這裡對他們來說應該是日常生活中的社交場合吧。泡完湯後幾個阿公阿嬤坐在大廳的椅子上，看著電視打發時間，或是買一瓶玻璃瓶裝的咖啡牛奶享用，享受入浴後的輕鬆時光。

離開時和一位拎著毛巾正準備入場的阿公擦肩而過，他輕鬆哼著歌，準備好好享受溫泉，果然是松山市民最感親近的溫泉，如果我是松山市民，應該也會像這樣經常來報到吧。

下次如果到道後溫泉，我會再次選擇椿之湯，體驗這種和當地人一樣的生活日常。

配合隔壁飛鳥乃湯泉的開幕，椿之湯搶先本館一步，在 2017 年底完成整修後重新開幕，整體的動線與環境也變得更加舒適。

1 椿之湯 **2** 椿之湯內部

椿之湯

¥ 400 日圓

🕐 6:30 ～ 23:00

㊡ 全年無休

🚃 伊予鐵道市電道後溫泉站下車徒步 3 分鐘

🌐 http://www.dogo.or.jp/pc/time/#tsubaki

泡完椿之湯來一瓶咖啡牛奶是最棒的享受

餐廳 info ···

伊予のご馳走　おいでん家 道後店

🕐 午餐 11:30 ～ 14:00，晚餐 17:30 ～ 22:00

㊡ 松山市道後湯之町 13-23

🚃 伊予鐵道市電道後溫泉站下車徒步 5 分鐘

🍱 三津朝市刺身定食

一六本舖 道後本館前店

🕐 9:00 ～ 19:00(星期五、六～ 20:00)

㊡ 松山市道後湯之町 20-15

🚃 伊予鐵道市電「道後溫泉站」下車徒步 5 分鐘

🍱 鍋燒烏龍麵、一六名菓塔蛋糕捲、愛媛蜜柑汁

🌐 https://www.itm-gr.co.jp/ichiroku/

飛鳥乃湯泉

　　道後溫泉本館在 2019 年 1 月 15 日正式展開自明治 27 年落成之後，125 年以來首次大規模保存修復工程，僅剩下一樓的神之湯繼續對外營業，工期預計要費時 7 年才會完成。作為松山市、甚至是整個四國最具代表性的景點，地方政府很早就開始預作準備，為了紓解本館整修期間的人潮，松山在 2017 年 12 月 26 日，以「飛鳥時代」（592 ～ 710 年）聖德太子及齊明天皇曾來道後溫泉入浴的傳說為基礎，採用飛鳥時代的建築樣式，在椿之湯旁打造一棟嶄新的湯屋，取名為「飛鳥乃湯泉」。開幕後立刻成為松山的新名所，也成了我再訪四國時，最想前往的地方。

　　兩層樓的建築，立面以白色為主，搭配朱紅色的線條，顯得明亮，是飛鳥時代建築的特色，和本館相比，少了些厚重感，不變的是，二樓屋頂設置了如同道後溫泉象徵的塔樓，白鷺振翅展現英姿。內部空間同樣讓人眼睛為之一亮，寬敞的入口處，一入內就可以看到書法家紫舟所書寫的文字雕刻「水流香」，以簡單取代繁複的裝飾，更顯典雅的文化氣息。

1 以飛鳥時代建築樣式設計的飛鳥乃湯泉 2 椿之間以今治毛巾裝飾 3 飛鳥乃湯泉二樓 4 玉石之間牆壁上掛著三幅色彩鮮豔的畫作 5 牆壁的湯花與和釘

　　我們買的是二階包廂，隨即由專人引導上樓，木製階梯旁的牆面一幅巨大的木雕，一塊塊突出的木頭排列要表現的是道後溫泉的湯花。大多數木頭中央都有顆黑點，增添了立體感，仔細一看，黑點不是畫上去，每個點都是有「千年之釘」之譽的和釘，是修復古代建築不可或缺的材料，曾大量用於修復位於奈良的世界文化遺產「藥師寺」的西塔。

　　到了二樓，先經過足足有 60 疊的大廣間休息室，左轉之後，被帶到倒數第二間的個室「玉石之間」，牆壁上掛著三幅色彩鮮豔的畫作，呈現日本上古時代曾發生的「玉之石傳說」。身穿和服的工作人員溫柔且詳細的說明入浴需知後，退出房間。換上只有這裡才穿得到的特製浴衣，朱色搭配青色，傳統的日本色組合，非常好看，隨即來到一樓的大浴場。

　　男、女大浴場分別位在入口兩側，內部空間寬闊，牆壁和本館一樣，都以砥部燒陶板壁畫裝飾，浴池大小和神之湯相當，如果少爺能回到未來，想必也會趁四下無人之時在池裡偷偷游泳吧！水質標榜不加熱、不加水的源泉引流溫泉，水溫適中，和在本館入浴同樣舒適。特別的是，這裡新增了本館所沒有的露天風呂，只見許多人兩池交替使用，這樣的設計也增加泡湯的樂趣。

回到包廂，用房間內的電話跟大休憩室的櫃台連絡，不久，服務人員隨即送來綠茶與點心。少爺畢竟沒來過這裡，因此提供的茶點和本館不同，不是糰子，而是一六本舖的新商品「道後夢菓子嘶」，「白鷺」和「椿」造型和菓子外觀精緻，讓人有點捨不得吃。

包廂的使用時間為 90 分鐘，趁著還有時間，在徵得同意下，參觀一旁暫時沒有客人使用的包廂「白鷺之間」、「椿之間」、「行宮之間」、「湯衍之間」，每間主題不同，但由水引繩結、彫刻、毛巾、漆器等職人所設計的作品同樣精彩，展現愛媛強大的傳統工藝實力；接著穿過大休憩室，來到二樓的迴廊，欣賞館外中庭的山茶花林，以及配合 2018 年「道後溫泉藝術祭」所設置的「山茶花」（つばき）裝置藝術（大卷伸嗣設計），泡完湯全身暖呼呼的，舒適的微風輕撫著，當下真的覺得無比幸福，很想就乾脆在松山住下來好了。

以「上古時代的道後」為主題打造的飛鳥乃湯泉，將道後溫泉的傳說及故事與愛媛的傳統工藝融合，每個細節都有巧思，若說整棟溫泉館是一座美術館也不為過，不愧是永遠可以

把傳統和現代完美結合的文化大國。即便如此，收費依然親民，僅使用一樓浴室是610日圓（兒童半價），二樓包廂價格略高，但每人也只要1,690日圓就可以享受到媲美高級溫泉旅館的款待。如果重視隱私，不好意思與陌生人一起泡湯，這裡還有重現皇室專用浴室「又新殿」的家庭浴室可以選擇。飛鳥乃湯泉的門票部分收入將會用於道後溫泉本館的保存與修理，入浴者都可以為日本國家重要文化財的保存貢獻一點心意，別具意義。

飛鳥乃湯泉

🕐 6:00 ～ 22:00
🈺 全年無休
🏣 愛媛縣松山市道後湯之町19番22號
🚃 伊予鐵道市電「道後溫泉站」下車徒步5分鐘
🌐 https://dogo.jp/tw/asuka.php

1 中庭的山茶花林與裝置藝術 2 個式的浴衣及毛巾 3 大廣間休息室 4 大廣間休息室的畫作 5 書法家紫舟的作品「水流香」 6 湯桁之間 7 個室的茶點「道後夢菓子噺」 8 飛鳥乃湯泉館內限定的浴衣

少爺列車超有型

回到明治時代

算好時間，走回市電道後溫泉站，搭上即將發車的「少爺列車」。這列重現伊予鐵道在明治21年（1888年）開業後活躍長達67年的蒸氣火車，外觀幾乎一模一樣，是《少爺》故事中許多登場人物都曾搭過的火車，只是當時是燒煤噴出黑煙，現在改以水蒸氣模擬替代，汽笛聲則用原音呈現。

不只列車復古，駕駛和車掌也都穿著伊予鐵道在明治時代的制服，乘客就像完全處在那個時代的情境。我們搭乘時車內坐滿乘客，大家比肩坐在長條座椅上，行駛途中，車掌會探頭到車廂內，向乘客介紹少爺列車的典故及松山市的觀光。

1 市電松山市站的少爺列車搭乘月台 2 少爺列車蒸氣造型車頭 3 少爺列車開到市電松山市站以人力進行掉頭作業 4 駕駛穿著伊予鐵道在明治時代的制服

少爺列車官網

　　列車僅有兩節，車廂也比一般電車還要小，空間有點侷促，的確就像「火柴盒似的」，座位也不多。自 2001 年以少爺列車為名重出江湖後，即一直維持高人氣，遇到假日要有搭不上車的心理準備，有時也會有團體將整車包下，該車次就不開放散客搭乘。

　　由於是觀光性質，少爺列車的班次較少，搭乘前最好事先查詢運行時刻表。道後溫泉站裡的車票櫃檯會在每天早上 8:30 開始發放當日各班次的整理券，要搭乘的話可以先來拿，以確保座位。

　　復古的少爺列車不像其他路面電車兩端都有駕駛座，調頭迴轉是一項繁複的人工作業。列車開到市電「松山市站」旅客都下車後，會先進行車頭和車廂的分離，然後移動車頭、迴轉、移動車廂，再連結、停到定位、等候下一車次的運行，全程都仰賴人力處理。對少爺列車迴轉作業有興趣的鐵道迷，可參考列車抵達松山市站的時刻表，就可以看到這難得一見的畫面。

　　原先持四國鐵路周遊券可以免費搭乘少爺列車，現在這項優惠已經取消，如要搭乘須另外購票，每趟 1,300 日圓（兒童半價），持票根還可以免費搭乘伊予鐵高島屋百貨屋頂的摩天輪。

車票可在搭車時直接向車掌買，或在道後溫泉站的車票櫃檯、大街道站的「伊予鐵旅遊大街道營業所」、松山市站的「伊予鐵車票中心」，以及 JR 松山站內的「觀光案內所」購買，這幾個車站同時也是少爺列車的乘車站（另外還有一個端點站「古町」也可以上下車）。

伊予鐵道還在位於松山市站的高島屋百貨附近的本社大樓，設立了「少爺列車博物館」（「坊っちゃん列車ミュージアム」），和星巴克咖啡店結合在一起，店內有一台 1 號機關車頭，以原尺寸複製打造而成，做工精細，如同真實車輛，在店內喝咖啡時還有列車及少見的鐵道車輛物品陪伴，是很特別的體驗。

（註：少爺列車因駕駛人力不足，自 2023 年 11 月 3 日起暫停行駛，恢復時程未定。搭乘前請先上伊予鐵官網查詢。）

1 2 少爺列車博物館

少爺列車博物館

🕐 7:00 ～ 21:00
休 全年無休
¥ 免費
🚃 松山市站東側徒步 3 分鐘
🌐 http://www.iyotetsu.co.jp/museum/

巍然松山城

乘著復古的少爺列車，在市電大街道站下車。大街道是松山市內最繁華的商業區，位在JR松山和道後溫泉之間，與兩地的距離大約皆10多分鐘車程。先不逛商店街，往北朝「空中纜車街」（ロープウェー街）走。

這條空中纜車街並不寬敞、一路往上有著小坡度，兩旁許多店家，時髦和懷舊感兼具，和東京神樂坂的氣氛有些相似，走起來很舒服，很快就能抵達松山城空中纜車搭乘處。

一樓有自動售票機販售纜車票，工作人員會在一旁協助。買好往返的纜車車票，可選擇搭乘纜車，或是滑雪場常見的 lift，沿著手扶梯來到三樓就是搭乘處了。

搭纜車上山的速度比較快，不過班距是 10 分鐘一班，lift 單人纜車則是隨時都有運行。抵達時因為纜車正好即將發車，上山就先搭纜車吧。這裡的工作人員均以《少爺》裡瑪丹娜同樣明治時代女性的服裝為制服，既醒目又好看，纜車有隨車人員，用麥克風介紹松山城及纜車的歷史，足足講滿 2 分多鐘的行車時間，說明的很詳細。

松山城位於松山市中心的「勝山」上，又稱勝山城、金龜城，標高 132 公尺，看似不高，纜車站旁也有登山路徑東門口登城道可以步行上山，但據未搭纜車而是從登山口步行上來的朋友表示超級累，尤其是從另一邊的黑門口更是如此，搭纜車只要 2 分鐘，還是不要省這種錢。

　　松山城居高臨下，佔了地利之便，城內佔地廣闊，設有許多門櫓、塀，再搭配狹間與石落，是攻守機能相當好的一座名城，也是日本「現存十二天守」的其中之一座。

　　在這裡已經能眺望整個松山市區，密密麻麻的建築，果然是四國最大城市。走入太鼓門，開始進入城的核心，再往前走，就是「本壇」，如果想進入天守，必須要另外購票，登上天守閣居高臨下，可以看得更遠，連瀨戶內海都能盡收眼底。整座松山城的範圍非常大，我們花了不少時間細細欣賞這座名城，以及 21 棟被列入重要文化財的建築。

　　循著原路走回纜車搭乘處，剛剛上來搭過纜車了，下去就改搭 lift 吧，這樣正好兩種工具都有體驗到。lift 速度很平緩，並不驚險，而且沒有遮蔽，視野更好，6 分鐘的時間就能回到山下。

　　在往下的手扶梯旁發現熟悉的照片，是台灣電影《KANO》的海報，原來當時嘉義農林的監督近藤兵太郎正是來自松山市，此一巧合，經由這部電影讓松山和台灣之間多了一層連結。事實上，松山出生的棒球名人還不只近藤監督，前面多次提到俳句家正岡子規更是有名。

　　在投入俳句創作前，年輕時的正岡子規接觸到剛從西方傳入的棒球（日本稱為野球）後非常非常熱衷，有人說他是日本第一位將外來的 baseball 翻成日文「野球」的人（註），明治

1 在大街道對面的空中纜車街和東京神樂坂的氣氛有些相似 2 松山城空中纜車搭乘處 3 往松山城的纜車 4 松山城有著高聳的城垣 5 纜車工作人員均以少爺裡瑪丹娜的服裝為制服 6 松山城天守 7 正岡子規銅像

17 年（1884 年）還在讀大學預備班的子規，為《新聞日本》寫了一篇文章，翻譯了許多棒球術語，例如打者、飛球、直球⋯⋯等，這些用語持續使用至今，堪稱日本的野球始祖，後來雖因身體狀況不佳而未繼續打球，依然創作許多有關棒球的經典俳句。

在正岡子規過世 100 年後的 2002 年，日本野球機構為了表彰他對野球普及的貢獻，將他列入象徵日本野球界最高榮譽的「野球殿堂」（如同大聯盟的名人堂），成就了一段佳話。

（註）：另一種說法是正岡子規的同學中馬庚才是第一人。

松山城

🕐 天守閣 9:00 ～ 17:00（8 月延長至 17:30，12 ～ 1 月到 16:30）
💴 天守閣觀覽 520 日圓、空中纜車往返 520 日圓（單程 270 日圓）
🚃 伊予鐵道市電大街道站下車徒步 5 分鐘
📱 http://www.matsuyamajo.jp/

秋山兄弟生誕地

萬翠莊＆坂上之雲

秋山兄弟生誕地

參 觀完松山城，在空中纜車街上的景點指標看到
「秋山兄弟生誕地」的指示，順道去看看。一
入內就可以在院子看到一尊秋山好古英姿勃發騎在
馬上的銅像，一旁也有秋山真之的半身銅像，館內
重現兄弟小時候家裡的情景。

看過連續劇《坂上之雲》（坂の上の雲）就會
知道秋山好古（1859～1930年）、秋山真之
（1868～1918年）這兩位對日本現代史有重大影
響的兄弟檔，也是讓日本從小國轉變為現代化國家
關鍵的明治維新代表性人物。

哥哥秋山好古是日本陸軍大將，有日本騎兵之父
的封號，打敗有史上最強騎兵美譽的哥薩克軍團；
弟弟秋山真之官拜日本海軍中將，在日俄戰爭中擊
敗強大的波羅的海艦隊，兄弟倆均在外界認為不可
能打贏的日俄戰爭中，立下彪炳戰功，是松山家喻
戶曉的大人物。

NHK 在 2009 年將這部小說家司馬遼太郎費時 10 年寫成的
傑作拍成同名大河劇，由阿部寬（飾秋山好古）、本木雅之（飾
秋山真之）、香川照之（飾正岡子規）等演技派演員主演，久石
讓配樂，獲得很高的評價。

１２秋山兄弟生誕地 ３秋山真之半身銅像
４秋山好古英姿勃發騎在馬上的銅像

‖ 秋山兄弟生誕地 ‖

🕙 10：00 ～ 17：00
㊡ 星期一
¥ 300 日圓
🚃 伊予鐵道市電「大街道站」徒步 3 分鐘
🌐 http://www.akiyama-kyodai.gr.jp/

坂上之雲博物館

從松山城下來走到空中纜車街口右轉，第一條小巷轉進去，裡面還別有洞天。

右手邊一棟造型很特殊，與位於台中亞州大學現代美術館極為相似的建築，是「坂の上の雲ミュージアム」（坂上之雲博物館），同樣都由建築師安藤忠雄所設計，於 2006 年完成。兩重三角形建物重疊而成的四層樓建築，充分和周邊環境結合，光是外觀就令人賞心悅目，從館內也能欣賞松山城山麓的景色。

擁有豐富文化資源的松山市，俯拾皆有歷史名人留下的足跡，將全市打造成沒有屋頂的博物館是松山努力的目標，坂上之雲博物館即是這個構想下所完成的核心設施。安藤忠雄表示在規劃時，設法表達司馬遼太郎於坂上之雲中所讚揚在明治維新時，日本人所展現出來那種充滿力量的時代精神，期望讓參觀者可以一邊閱讀歷史、一邊感受明治精神。

館內所展覽的自然是以坂上之雲三位主角：秋山好古、秋山真之、正岡子規的相關事蹟為主，入館者循著平緩而上的坡道，可以更加了解三人的生平，以及日本如何在明治維新時走向現代化國家。

對於完整看過坂上之雲連續劇，或是對安藤忠雄建築有興趣的人，這裡是值得前往的景點。

‖ 坂上之雲博物館 ‖

🕘 9:00 ～ 18:30
休 星期一
¥ 大人 400 日圓、高中生 200 日圓、國中以下免費
🏤 松山市一番町三丁目 20 番地
🚋 伊予鐵道市電「大街道站」下車徒步 2 分鐘
🌐 http://www.sakanouenokumomuseum.jp/

1 坂上之雲博物館 2 坂上之雲博物館兩重三角形建物充分和周邊環境結合

萬翠莊是日本少見純法國式洋樓

萬翠莊

　　從坂上之雲博物館再往內走，就能抵達萬翠莊。萬翠莊門口守衛身著日本明治時代的軍裝，相當醒目。

　　萬翠莊位於半山腰，從門口到大宅邸有一小段上坡，一旁庭園照顧得相當好，綠意盎然，右側則有幾株綻紅的楓葉，逆著光，展現最美的姿態。

　　建於 1922 年的萬翠莊，最早是舊松山藩主子孫久松定謨伯爵的別邸，他長年在法國生活，對法國有特殊的偏愛，找了當

時新銳建築師木子七郎，為此，木子七郎還到西歐數個月，吸收歐洲建築的精髓。萬翠莊無論設計、構造、裝飾都不惜成本，一切都用最好的品質，是日本少見的純法國式洋樓，建築非常精美。

　　萬翠莊落成後是當時社會最上層名流的聚會場所，皇族來到愛媛縣時，也必定會選擇這裡，且難得的是，萬翠莊沒有遭受戰爭破壞，整體保存得相當好，已被指定為日本國的重要文化財。

　　現在的萬翠莊則是作為文化、藝術展示的場所，幾乎全年都有各式藝文活動展演，到訪當日，一樓正舉辦「美術和音樂的結合 Sohx3 〜創 ・ 奏 ・ 想〜」活動，有畫作展示，還有鋼琴與長笛的現場演奏，我們在大廳駐足欣賞，渡過一段優雅的午後時光。

萬翠莊

- ◔ 9:00 〜 18:00
- ㉀ 星期一
- ¥ 門票 300 日圓
- ⌂ 松山市一番町 3-3-7
- ☐ 伊予鐵道市電「大街道站」下車徒步 5 分鐘
- ⊕ http://www.bansuisou.org/

1 萬翠莊是日本少見純法國式洋樓 2 萬翠莊位於半山腰 3 前往萬翠莊上坡途中的楓葉

大街道
好好逛

大街道真的是一條很大的街道（是在繞口令嗎）。

位在松山市中心的大街道商店街，有著巨大華麗的拱廊，全長近 500 公尺，路幅達 15 公尺，加上挑高天井，沒有大阪心齋橋那種永遠萬頭鑽動的人潮，走起來很舒服，兩側聚集眾多商店及餐廳、咖啡店，是逛街吃飯的好去處。

大街道

🌐 https://www.okaido.jp

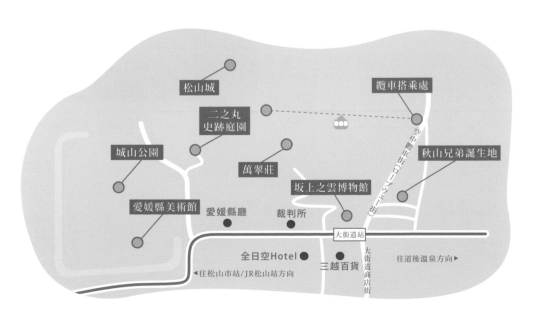

松山城

纜車搭乘處

二之丸史跡庭園

城山公園

萬翠莊

秋山兄弟誕生地

坂上之雲博物館

愛媛縣美術館　　愛媛縣廳　　裁判所

大街道站

全日空Hotel　　　　　　　　　　　往道後溫泉方向▶

◀往松山市站/JR松山站方向　　三越百貨

Flying Scotsman

　　一走進商店街，右手邊立刻有間英國風的「Flying Scotsman」，是間生意很好的咖啡店，高雅的歐式內裝，伴隨著古典音樂流逝其間，是享用下午茶的最佳場所，雙層鬆餅是店內名物。對面有無印良品及 SelenDip 明屋書店，可順道採購。在市內開店已經 70 年的三越百貨側門也位於大街道入口處附近，和市電松山市站的高島屋百貨是松山市內兩大百貨公司。

1 2 3 4 下午茶：Flying Scotsman

Flying Scotsman

🕐 8:30 ～ 23:00（星期五、六～ 23:30）

🈺 全年無休

🏠 松山市大街道 2 丁目 4-13

🚃 伊予鐵道市電「大街道站」
　　下車徒步 1 分鐘

🍴 雙層鬆餅、咖啡

勞研饅頭

　　繼續往前走，過第一個路口右手邊的三角窗會看到一家「勞研饅頭」，名字相當特殊，用顯眼的橘色招牌搭配復古黑色字體。日本常見的饅頭通常是有包內餡、小小的一個甜點，例如溫泉饅頭，這裡販賣的和我們所熟悉的饅頭樣子接近，主要就是由麵粉發酵製成。

　　勞研饅頭創業已經超過 80 年，相當受到當地人喜愛，玻璃櫃裡整齊陳列超過 10 種口味的饅頭，價格實惠，108 日圓就能買到。元祖「黑大豆」，還有最受歡迎的「うずら豆」（斑豆）這兩種招牌口味可不要錯過，除了可作為早餐，當成下午茶點心也很適合。

| 勞研饅頭 大街道店 |

🕐 9:00 ～ 19:00（賣完會提前結束）
🏤 松山市大街道 2 丁目 3-15
🚃 伊予鐵道市電「大街道站」下車徒步 2 分鐘
🌐 http://home.e-catv.ne.jp/takeuchi/

勞研饅頭有多種選項

日本料理 すし丸本店

　　從勞研饅頭再直走左轉進第一個路口，約 20 公尺處有家開業超過 70 年的壽司名店「日本料理 すし丸本店」。店內販賣的「松山鮓」，是松山相當具代表性的鄉土料理，深受正岡子規的喜愛，曾以此招待好友夏目漱石。在帶著甜味的醋飯上舖滿多樣瀨戶內海出產的海產，光視覺就很豪華，嚐起來口味自不在話下，是必點的一品。

　　還有一道「鯛めし」（鯛魚飯），白飯上放著新鮮鯛魚片，吃法有些特殊，首先要將蔥、海藻、紫蘇放入有生蛋的沾醬裡，並適度攪拌，再加入鯛魚片，最後再將這風味絕妙的醬汁和鯛魚倒入白飯碗裡，就是最正統美味的吃法，女將和老闆還特地詳細說明這些順序，以確保能吃到最道地的鯛魚飯，真的，非常好吃！

餐廳 info

日本料理 すし丸本店

🕙 11:00 ～ 14:00、16:30 ～ 22:00
🏠 松山市二番町 2 丁目 3-2
🚃 伊予鐵道市電「大街道站」下車徒步 5 分鐘
🌐 http://www.sushimaru.co.jp/

伊予鐵高島屋

　　如果大街道還逛的不過癮，可以搭市電到「松山市站」（不是 JR 松山站喔），這裡有全四國營業額最高的百貨公司「伊予鐵高島屋」（いよてつ高島屋），市電就停在百貨公司的大門口，進到建築物的一樓，則有伊予鐵道郊外電車的「松山市站」，是相當繁忙的一站。

　　伊予鐵高島屋頂樓有座被暱稱為「く

るりん」（Kururin）的摩天輪，最高能到達 85 公尺，可居高臨下欣賞整個松山市，環繞一圈大約 15 分鐘。摩天輪一到晚上會以多彩的 LED 燈光絢麗變化，和松山城是松山市夜裡醒目的兩大地標。手上如果持有四國鐵路周遊券或是外國護照，都可以免費搭乘這座摩天輪，來到松山時可不要錯過這項優惠了。

1 伊予鐵高島屋及摩天輪
2 3 伊予鐵高島屋的摩天輪

伊予鐵高島屋

🕐 10:00 ～ 19:00；摩天輪 10:00~21:00
🏢 松山市湊町 5 丁目 1 番地 1
🚉 伊予鐵道市電「松山市站」下車
🌐 http://www.iyotetsu-takashimaya.co.jp/

梅津寺站

永遠的東京愛情故事

「我在車站等你，剛剛我看了時刻表，是4:48 的電車，還有兩個小時，在那之前如果改變心意的話你就來吧！這是最後的請求。」赤名莉香勉強帶著笑容，雙手合十的跟永尾完治說。

這是 1991 年日劇黃金年代最經典的《東京愛情故事》完結篇其中一幕，也是最感人的一集。永尾完治總算（實現諾言）帶著赤名莉香回到故鄉愛媛，走訪讀過的小學、附近的神社，最後來到一座靠海的車站。

也許當時只專注於劇情，對於這個場景沒有太特殊的感覺，只有在海邊的印象，沒有想到在 1/4 個世紀後，會以影迷的身份，來到這個當時讓很多人跟著莉香掉淚的傷心地。

攝影地就在梅津寺站，位於伊予鐵道郊外電車「高浜・横河原線」抵達終點高浜站的前一站，從松山市中心搭過來只要 17 分鐘。

　　「好寧靜的車站，好美的海景！」電車到站後只有我一個人下車，梅津寺站的第一眼就留下好印象。

　　在月台上先尋找莉香綁著手帕的地點，一旁，車站貼心製作的告示掛在白色欄杆上，告訴大家這裡是《東京愛情故事》最終回取景地。因為莉香的這個舉動，讓這裡被稱為「戀愛月台」，有的影迷來此朝聖時，也會模仿莉香，在此綁上手帕。

　　也許是從年齡和不像本地人的裝扮看出是來觀光（追劇）的，出站時站長對我投以會心一笑。站內售票處上方時刻表的材質雖已換新，但奇妙的是，列車運行時刻和當時一模一樣，莉香提到的 4:48 電車還在，猶如被凝結的時光，未曾改變。

　　白色三角尖頂的車站外觀也幾乎沒變，只是原本「梅津寺站」四個圓體黑色大字，改成統一的新式站名牌，面向車站左手側的黑色電話亭，依然盡職地豎立著。

1 梅津寺站外觀歷經多年幾乎沒什麼改變　**2** 伊予鐵道郊外電車高浜・横河原線電車　**3** 電車抵達梅津寺站
4 伊予鐵道郊外電車車廂　**5** 梅津寺站月台

「東京ラブストーリー」
ロケ地

1991年（平成3年）フジテレビ系で放送されたテレビドラマ

舞台は東京、主人公・リカ（鈴木保奈美）とカンチ（織田裕二）のストレートな恋愛を繊細に描いたラブストーリー。
最終回、目印のハンカチを結んだ駅のホームに、梅津寺駅がロケ地として使われました。それ以来、リカにちなんでハンカチを結ぶ人が絶えず、「恋のプラットホーム」と呼ばれています。
90年代を代表するドラマのひとつ。

1   3

　出站跨過平交道後眼前就是沙灘，以及完治與莉香兩人走過的防波堤，再遠一點，是守護船隻進出的紅色燈塔。蔚藍的天空下，不遠處兩個小朋友正開心在沙灘找尋貝殼，若不是偶爾傳來的童言笑聲，這裡寧靜到幾乎可以聽到海浪上岸後白色泡沫消去時的聲音。

　「噹噹噹噹～」，平交道的警示響起，打破寧靜的時空，和日劇裡一模一樣的聲音，閉上眼睛，彷彿可以回想起迷惘的完治要趕赴電車發車時刻，奔跑經過的畫面。

　在車站附近繞了一圈後，進到一旁的梅津寺公園，參觀被伊予鐵道通稱

為「少爺列車」的第1號機關車，這是日本現存最古的輕便機關車，由德國製造，展現出19世紀令人讚嘆的高超工藝美學。

　完成日劇聖地的巡禮，心滿意足走回車站，親切的站長阿伯再次和我點頭微笑。搭上隨後進站的電車，起動後我揮手向他致意道別，他也舉手回應，謝謝這些保存完好的場景，可以在多年後前來追尋，也同時追憶那已然逝去的年少青春。

　還記得後來的情節嗎？「請問你有沒有看到一位穿白色外套的女孩？」趕忙奔向車站的完治雖趕上約定的電車發車時刻，但找遍月台和車廂，卻看不到熟悉的身影，著急的向站長詢

1 月台告示牌說明這裡是《東京愛情故事》最終回取景地 2 永尾完治跑過的平交道 3 完治和莉香走過的堤岸 4 猶如凝結的時光，時刻表沒有變過 5 少爺列車第 1 號機關車 6 小朋友正開心在沙灘找尋貝殼 7 位在車站左前方的梅津寺公園

問。「有啊，剛剛在那裡，她搭前一班 33 分的車走了。」了解完治心意的莉香，已經搭著前一班列車離去，完治望向莉香站的位置，在月台欄杆上發現那條她留下、寫著「再見，完治」的白色手帕，也只能解下手帕，惆悵的靠在白色欄杆上，久久不捨離去。

這是一個有故事的車站，加上不輸 JR 下灘站的無敵海景，無比寧靜閒適的氣息，即便坐著發呆看海也很幸福，來到松山時，很推薦來此一遊。

梅津寺公園

🕘 9:00 ～ 17:00
㊡ 僅週末及假日營業
💴 500 日圓
🚃 伊予鐵道郊外電車梅津寺站下車徒步 1 分鐘
🌐 http://www.iyotetsu.co.jp/baishinji/

伊予灘物語觀光列車

日本
No.1
觀光列車
伊予灘物語

在台灣也能預約搭乘

這絕對是四國最棒的觀光列車，沒有之一。

面向瀨戶內海的愛媛，有美麗的海岸線，黃昏時的夕照散發茜色光彩，加上盛產的柑橘在太陽映照下呈現金黃色的光輝，綜合這兩大特點，JR 四國在 2014 年推出觀光列車「伊予灘物語」（伊予灘ものがたり），旋即造成話題與轟動。2015 年 8 月《日本經濟新聞》調查十大推薦觀光列車中，伊予灘物語在許多鐵道專家的票選下脫穎而出，獲得第一名殊榮，贏過許多大手鐵道公司所推出的列車。

伊予灘物語只在每週六、日和假日行駛，一天有四個班次（行程），每列兩節編成，分別是 1 號車「茜之章」及 2 號車「黃金之章」，座位僅有少少的 100 個，平均乘車率超過 9 成，也是另一項全國第一。

JR 四國的官網會提前一個月開放班次預約，但往往一上線就被旅行社訂走，預約不易。起先打算在抵達四國後再預約，但想搭乘的日期開放沒多久，查詢空席狀況就呈現「お席残りわずかです」，也就是僅剩少數座位的意思，到時勢必會滿席，所幸 JR 四國體貼國外旅客，可以在官網的中文頁面預約。

只要選好行程及日期，填寫簡單的申請表格，經確認還有空位，就會收到回信，在期限內刷卡付款即可，申請成功後會收到一張兌換單，搭乘當日到指定車站取票。不過線上預約一定要含餐點，且即便擁有 JR 四國 Rail Pass，也無法扣除乘車料金，並要支付手續費，這是便利所要付出的代價啊。

配合朝、午、夕不同的時段，伊予灘物語推出大洲篇、双海篇、八幡浜編和道後篇四種行程，各自搭配會依季節而變換的餐點。我選的是道後篇，從JR八幡浜站（16:06）行駛到JR松山站（18:21），是每天最後的車次，可以邊品嚐下午茶邊欣賞伊予灘的夕照。

搭乘這部列車也影響了四國行程的安排，首先必須將松山排在週末，並且空出半天以上來進行這一段行程。週日上午體驗完道後溫泉本館，隨即搭乘市電前往JR松山站，再搭乘特急「宇和海」來到八幡浜。松山站以西的JR予讚線班次不多，我特別在筆記本上用大大的紅字標出這班特急車次作為提醒，因為一旦錯過就會趕不上伊予灘物語的發車時間，線上刷卡買的票就只能做紀念了。

1 停靠在JR八幡浜站月台的散步南予主題列車 **2** JR八幡浜站

第一眼就讓人驚喜的絕美列車

抵達JR八幡浜站，月台停著一輛在2016年2月推出的「おさんぽなんよ」（散步南予）主題列車，出身有愛媛縣吉祥物「みきゃん」（Mican，蜜柑犬），圓滾滾的臉龐，和橘子一樣的顏色，綠色耳朵有著樹葉的紋路，紅色心形的鼻子，可愛度破表，是目前相當受歡迎的吉祥物，在2015年的吉祥物大賽拿下第二名佳績。

出站後先到售票處取票，車票早已打包好並在票套寫上我的名字。距離發車時間還有40分鐘，先到車站附近走走。JR八幡浜站是四國最西端的車站，這個以豐富漁獲及柑橘栽培聞名的城市，觀光景點並不在車站周邊。

提前回到車站是正確的，還沒走入車站，就能聽到從月台傳出的騷動聲，剛結束八幡浜編行程的伊予灘物語列車已停靠在月台，吸引眾人目光並爭相拍照，車內人員正忙著做最後整理，準備以最好的一面迎接旅客。發車前 5 分鐘，車門開啟，車掌小姐以端莊的姿態站在門旁笑臉迎接每一位旅客，月台鋪著專屬地墊，從一開始就給人尊榮感。

我們被安排在 1 號車「茜之章」，外觀猶如被夕陽染紅的高雅暗紅色，內裝更是講究，全木製的地板，搭配佔比很高的窗戶，要讓每一位旅客都有最好的視野，舒適的椅子，用綠青色布面，搭配茜色抱枕，2 號車「黃金之章」的椅子和抱枕則分別用若草色、金黃色，顏色的搭配看了讓人很舒服。

兩節車廂各配有兩組 4 人座席位，果然女生們比較會結伴出遊，同車的 4 人席均是姐妹淘，還有 7 席一整排的單人座直接面向窗戶，和 4 人座均靠海側，視野極佳，也最為搶手；另外雙人座有 5 組，均位於山側，椅子的高度較高，微妙的差異，就是要讓坐山側的旅客在欣賞海景時不會被影響到。

1 1 號車茜之章　**2** 1 號車廂內　**3** 2 號車黃金之章　**4** 2 號車內桌椅顏色

1 月台舖著地墊迎接旅客上車 2 八幡浜站的人員到月台上歡送列車離開 3 在列車上是欣賞大洲城最佳眺望點 4 加油站員工揮舞著旗子歡迎大家

隨處可見的熱情招呼與車上美味特製餐點

列車準時發車，八幡浜站的站長、站務人員全都到月台上，揮手歡送列車離開，接下來沿路都不斷出現這樣的光景，讓我想起北陸新幹線通車時，沿線居民興奮迎接列車經過的畫面。

車上服務人員不時會用廣播，提醒大家窗外的風景與驚喜。首先經過一戶民宅，二樓房間和列車齊高，主人帶著4隻可愛的小狗，揮舞著伊予灘物語的扇子，隨後經過一處加油站，員工更是賣力的揮舞著旗子歡迎大家，車內旅客也都興奮的揮手回應。

發車後不久，服務人員開始為訂餐的乘客擺放精緻餐具，接著送上餐點。

雖然只是下午茶，但一切都不含糊，磁盤上放的是法國料理主廚製作的點心，有司康、起司蛋糕、使用鯛魚及蜜柑的丹麥麵包、法國麵包、新鮮果醬、水果……，再搭配一壺北歐紅茶。「哇～」已經上菜的鄰桌乘客比我們更早發出讚嘆聲，因為光視覺就是種享受，實物色香味俱全地實際呈現在眼前，與圖片截然不同，難怪有評論家說：「豐富的餐點和景色，不管搭幾次都不會膩。」對於平常總是忙於工作、很少有機會吃下午茶的我們來說，這可真是幸福的小奢華呢。

「請看行進方向右手邊，是大洲城，許多人正揮舞著旗幟。」這時大家同時轉向右側，欣賞約在 1.5 公里外，矗立山丘上的「大洲城」，據說從列車上看，是欣賞這座名城的最佳眺望點，列車駕駛也刻意放慢速度，徐徐前行。天守旁好像有什麼在舞動著，我將變焦鏡頭拉到最遠，果真可以看到民眾揮舞旗幟，歡迎伊予灘物語的到來，同時另一側在河岸邊的簡易棒球場，幾個野球少年也和車上的人打招呼。

隨後列車抵達 JR 伊予大洲站，幾位乘客上車後將空位填滿，今天果然還是滿席。

行經五郎站，住在路線旁的居民各自手持不同的物品、標語，歡迎乘客，這些居民並非 JR 四國動員拜託來的，均是自發性的，讓人感受到四國人民熱情的一面，搭乘這列車，很難不受此感動，有人甚至還為此掉下淚來呢！

列車自此左轉，往海的方向前進，自發車後約 50 分鐘，開始進入最大的賣點；「伊予灘」，正是這台觀光列車的名字。沿著瀨戶內海的伊予灘海岸線行駛，可以看到散落在瀨戶內的小島，海的另一側就是本州的山口縣。接著會經過很特別的「喜多灘站」，這個車站的月台一半屬於大洲市，一半在伊予市境內，月台上還特地劃了一條白線為界，稀有景象足以列入日本珍百景了。

這裡有一條和鐵路平行的國道 378號，暱稱是浪漫的「夕燒小燒線」，取自一首日本童謠，代表這條路線可以看到美麗的夕陽。這時車掌小姐一直介紹並請大家看下方公路的橋墩，我也跟著靠到海側湊熱鬧，原來這裡在漲、退潮時會有截然不同的景象，這時看到的是漲潮，海水覆過橋墩。

1 喜多灘站月台一半屬於大洲市，一半在伊予市 2 道後篇車上豐盛精緻的下午茶餐點

列車短暫停靠 JR 下灘站

超人氣迷你小站

　　傍晚日落時分，列車抵達並停靠在大家最期待的「JR 下灘站」，兩位車掌小姐奮力拉開車門，讓大家下車，欣賞這個三度登上「青春 18」海報的車站。下灘是個靠海的無人小站，因為視覺高低差產生的關係，月台就宛若和大海、藍天連成一線，每當日落時刻更是絕景，因此班次雖少，每天都有攝影愛好者前來拍攝，是鐵道迷必訪的秘境。

　　全車旅客一起下車，讓迷你的下灘站頓時變得好熱鬧，也有人是特地來此等候伊予灘物語觀光列車的到來，這大概是這個車站一天當中人最多的一刻吧。我也趕緊拍照，並走到車站外到處看看，很快的，列車響起音樂，提醒大家上車，只有短短 3 分鐘的停靠有點短暫，讓人意猶未盡。

JR 下灘站是個很有人氣的無人小站

下車前還有驚喜

再次上車後，我開始到處參觀，走到 1 號車和販賣櫃台。不愧是第一名的觀光列車，連洗手台也很講究，用的是愛媛當地最知名的「砥部燒」，底部繪製高雅的玫瑰圖樣，車廂內放了蜜柑犬的布偶，讓乘客可以一起拍照。車掌小姐的工作其實非常忙碌，除了服務旅客、介紹景點，也會拿著乘車紀念看板為旅客拍照，並推著推車販售紀念商品。

夕陽映照在伊予灘上愈發顯得美麗，大家的視線都捨不得離開海側、靜靜欣賞，伊予灘物語的形象識別 logo，應該就是依此發想所設計出來的。

海岸線慢慢的從眼前消失，表示離終點 JR 松山站也越來越近了，但貼心的日本人可不會這樣就草草結束行程，車掌小姐開始為每位乘客發送紀念品，有道後溫泉本館最具代表性的紅色毛巾、折頁及折價券，下車前還能收到禮物，著實讓人驚喜。

抵達前車內開始播放一首歌，是伊予灘物語的專屬主題曲，吉他、曼陀林鋪陳出輕快的旋律，由愛媛出身的歌手 Caor:n 演唱，非常好聽，歌詞也相當優美。觀光列車連主題曲都有，足見規劃時的用心。

　抵達終點站前，車掌小姐會再逐一到每一桌，帶著笑容感謝旅客今天的搭乘，我也向她說聲：「こちらこそありがとうございました。」謝謝她的服務。其實今天從上車那一刻起，就開始受到各項貼心的款待，服務業能做到如此境界，已經超過 100 分了，更令人讚嘆這其中的細膩與嚴謹。

　短短 2 個小時的伊予灘物語行程，是我搭過最好的一次觀光列車，瀨戶內海的絕景、大洲城的景觀，以及沿線民眾的歡迎，再加上滿分的車內服務，成就最難忘的搭乘體驗。

伊予灘物語

🌐 https://iyonadamonogatari.com/

1 伊予灘海岸 2 車掌小姐發送紀念品 3 車掌小姐帶著笑容感謝旅客今天的搭乘 5 車廂內蜜柑犬布偶 4 6 7 8 車廂內裝飾

漫步

伊予小京都

搭乘伊予灘物語觀光列車有許多令人感到印象深刻的人事物，其中之一就是行經大洲時，遠方大洲城天守旁人們熱情揮舞旗幟的情景，然而匆匆一瞥，讓人感到意猶未盡。兩年後再次來到松山，決定專程造訪，近距離欣賞這名列日本 100 名城之一的優美城池。

陸續來過幾次松山，對於市內的路面電車並不陌生，然而要啟程往大洲前，還是發生了一段小插曲。當地有兩座「松山駅」，一座是伊予鐵的「松山市駅」，一是「JR 松山駅」，很容易讓初訪者混淆，當然，我很清楚兩個車站的不同，之前也從未搭錯車。平日上午 8 點左右，依照事先查詢的時刻表，提前來到「大街道」路面電車亭準備搭車，這個時段是松山市區交通流量最大的時候，電車有時也不一定能準點，為了配合號誌，也會有兩台電車同時抵達的情形；站在月台，眼見電車進站，且與預定要搭的時刻一致，就直接上車。由於明天還

1 大洲城石垣 2 3 大洲城位於肱川旁

要搭同一時間的路面電車，坐定後還氣定神閒的環視一下車內的旅客，心想明天可能還會遇到同一批人，畢竟通勤是很固定的行為。

電車開動後沒多久，發現車子怎麼提前左轉了，車內隨之廣播下一站是終點，糟糕，剛剛沒有先確認車頭的字牌，這次真的搭錯車了，後面那一輛才是我要搭的，就這樣被載往只能轉乘伊予鐵郊外線的松山市駅。下車之後雖急忙換搭往 JR 松山駅的車，但遇到通勤尖峰時段路面電車也只能走走停停，最終還是沒能讓我趕上原本要搭乘的 JR 特急。JR 予讚線的班次並不密集，但也無計可施，只好認真在 JR 松山駅逛足一個小時，再搭乘下一班特急「宇和海」7 號。

約 50 公里的路程，沿途只停靠兩站就抵達有「伊予小京都」稱號的大洲市。

全日本共有 45 個市町被稱為小京都，其中四國僅有三處，除了大洲位於愛媛縣外，另兩個均在高知縣，分別是「中村」及「安芸」。戰國時代，在領有 6 万石的伊予大洲藩初代藩主「加藤貞泰」（1580～1623 年）治理之下曾繁榮一時的城下町，如今依然保有許多江戶風情與明治時代的建築，是一處能讓人感到心情平靜的地方。

大洲市內最知名的兩大景點「大洲城」及「臥龍山莊」均距離車站有段距離，因此出站後選擇直接搭乘計程車，不浪費時間等候班次稀疏的公車。計程車經過流貫市中心的清流「肱川」後，進入原本城下町的範圍，通過商店街後就可以看到位在地藏ヶ岳上的城桓。

計程車直接開到登城步道的半途，再往上就禁止車輛通行，陡峭的上坡只剩不到一半，省下不少力氣。走到本丸，嶄新的四層四階的天守閣比想像中來得嬌小，黑白兩色明顯的對比、優雅的千鳥破風，展現傳統日本城之美。大洲築城的歷史可遠溯至鎌倉時代的1330年，統治者幾經更迭，進入明治時代頒佈廢城令後，城堞及天守也隨之頹圮毀壞，目前的天守是在2004年重建完成，難怪顯得如此新穎。

日本戰後許多以復興之名復原的天守閣，多以鋼筋水泥建造，有的還裝設電梯，方便之餘不免減損了些古樸的氣氛，大洲城卻是以非常接近原貌的全木造形式重建，這受惠於一些重要資料正好有保存下來。其中包括明治時代的照片，以及一座猶如設計圖的木造天守雛形（現存於大洲市立博物館），有外觀照片加上內部結構模型，才能讓大洲城天守閣穿越時空，依照古代的樣式重新歸來，在日本也是很少見的案例，而且19.15公尺的高度，在戰後復原的木造天守中，高度也是日本第一。

售票處位於一樓，年輕的男職員除了介紹如何參觀外，還親切推薦市內的其他景點。由於是木造結構，天守內部樑柱用的都是檜木，日本城在邊角處需要的材料尺寸特別大，組裝的難度非常高，大工（木匠）職人竭盡全力思考，才重現古代築城技法。踩踏在舒適的木造地板、柔和的顏色、檜木的香氣，有著鋼筋水泥建築所難以比擬的溫度，非常舒服，正巧當天參觀人不多，讓我們獨佔城池，享受了一段當（偽）城主的時光。

大洲城

- 🕘 9:00 ～ 17:00
- Ⓗ 全年無休
- ¥ 550 日圓（中學生以下 220 日圓）
  共通券（臥龍山莊＋大洲城）880 日圓（中學生以下 330 日圓）
- 🏛 愛媛縣大洲市大洲 903
- 🚉 JR 伊予大洲站徒步約 25 分鐘
- 🌐 http://www.ozucastle.jp/

1 大洲城天守內部 2 大洲城天守內展示的模型

 本町 1 商店街 2 大洲紅磚瓦館和洋折衷式建築 3 4 大洲紅磚瓦館

大洲紅磚瓦館

　　大洲城下方有一棟造型奇特的市民會館，沿著本町 1 商店街，街道並不寬敞，卻依然保留可供行走的騎樓；還好少爺不是來這裡任教，不然恐怕待沒幾天就棄職潛逃了。因為和四國第一大城松山市相比，大洲才是真正的鄉下地方，街上有點冷清，走來反而讓人覺得放鬆自在。這幾年日本旅遊業發展神速，許多一線的觀光地一年四季都充滿著觀光客，既熱鬧且喧囂，少了一份悠閒，有時甚至會感到些許壓力，所幸還有像大洲這樣的地方，適合想遠離都會，想安靜晃遊的旅人。

　　離開商店街，幾分鐘後走到「大洲紅磚瓦館」（おおず赤煉瓦館），是一棟非常漂亮的紅磚建物，建於明治 34 年（1901 年），前身是「大洲商業銀行」本店，採用英國進口的紅磚打造主結構，搭配日式瓦片屋頂，屋況保存很好，和其他周邊木造房屋相比顯得氣派非凡，是明治維新追求「文明開化」風潮下的產物，也是大洲往日繁華的最佳見證。本館一樓販賣當地的土產，二樓有個休憩室，可點杯飲料，悠閒欣賞中庭的風景。

‖ 大洲紅磚瓦館 ‖

🕘 9:00 ～ 17:00
🚫 12 月 29 日～ 31 日
¥ 免費
🏛 愛媛縣大洲市大洲 60 番地
🚉 JR 伊予大洲站徒步約 20 分鐘
🌐 https://www.city.ozu.ehime.jp/site/kanko/1176.html

大洲神社

　　從大洲赤煉瓦館開始，紅磚鋪面道路搭配整排的老屋，許多店家活脫就是電影《ALWAYS 幸福的三丁目》的翻版，招牌依然維持昭和時代的樣式。經過大洲市觀光協會後轉個彎走進一條名為「おはなはん通り」的街道，令人眼睛為之一亮。一邊是整排白壁土藏老屋，一邊是武家屋敷，寬敞的路幅設計是為了讓商家和住家有所區隔，地面鋪的是如同京都花見小路的石疊路，武家圍牆旁的水道流水清澈見底，展現小京都的氛圍。特殊的街名取自昭和 41 年（1966 年）播出，並創下超高收視率的 NHK 晨間劇《阿花小姐》，不過齣戲年代實在過於久遠，從未接觸過，當下並沒有讓我產生共鳴。

　　讓我感到驚喜的是《東京愛情故事》完結篇其中一幕亦在此取景，永尾完治和赤名莉香並肩走著，彼此分享著讀小學時的往事。兩人接著走到一處神社，先在手水舍洗手後，完治將白色手帕遞給莉香擦手，隨後到本殿前誠心參拜，接著邊聊天邊步下石階，「莉香，你打算調職的事決定得如何？現在要挽回還來得及。」「完治的家是在哪邊呢？」不想答這個問題，莉香立刻轉移話題，快步往下走。

　　這個神社就是只有地方居民會前來的「大洲神社」，嚴格說來不算觀光景點（手冊並沒有介紹），來到伊予小京都，大部分的遊客應該都會鎖定「大洲城」及「臥龍山莊」。不過對我而言，私心最想前往的就是這座神

1

1 大洲神社拜殿 2 おはなはん通り 3 大洲神社參道 4 大洲神社手水舍 5 大洲神社的階梯是東京愛情故事的取景地 6 莉香寄信的紅色郵筒

社，即便鳥居後方有著可觀的陡峭石階，也沒有阻止我想朝聖的期待；登上神社，同樣先到手水舍後參拜，並在整排奉納石碑旁的階梯上徘徊了一會兒，看看遠方的風景，再從神社來到附近的紅色郵筒，是莉香偷偷投遞寄給完治離別信的地方。這些景點，又再次讓我回憶起當時欣賞這部日劇的美好當下，連同之前造訪的「梅津寺車站」，我的《東京愛情故事》聖地巡禮已經沒有遺憾。

大洲神社

1

臥龍山莊

　　從大洲神社走到「臥龍山莊」只消幾分鐘的時間。山莊位在肱川畔，有著絕佳的視野，是明治時代經營木蠟貿易成功的富商河內寅次郎打算老年用來渡過餘生的山莊，前後花了 10 餘年才修築完成。寅次郎花費巨資，修築了「臥龍院」、「知止庵」及「不老庵」，並以借景的技法，利用石垣、飛石、老樹，打造一座能和後方山川景致融合的日本庭園。

　　一進入山莊，就是主建築臥龍院，猶如農村常見的茅葺平房，看起來並不豪華，實為集結當時眾多知名工匠所悉心打造、耗時 4 年而成，橫梁雕飾窗台門把，處處可見工匠的巧思。穿過河岸庭園，位在最深處的不老庵也很精彩，建在懸崖上，是山莊視野最好的地方，弓形竹編屋頂，日光與月色照耀一旁肱川、光芒會巧妙地投射其上，坐在榻榻米上迎著微風徐徐，幾乎要讓人忘卻時間流逝。

　　正午時刻，遠方傳來一段動聽的音樂，跟山莊人員詢問才得知原來這是大洲市防災無線廣播系統，播放曲目正是晨間劇《阿花小姐》主題曲，美妙的旋律，讓我對這齣半世紀前的經典日劇開始產生了些連結與興趣呢！

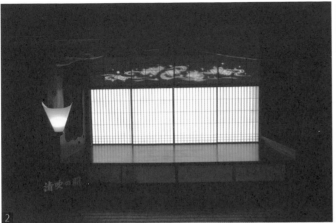

臥龍山莊

(¥) 同大洲城
(時) 9:00 ～ 17:00
(休) 全年無休
(地) 愛媛縣大洲市大洲 411-2
(交) JR 伊予大洲站徒步約 25 分鐘
(網) http://www.garyusanso.jp/

1 臥龍院　2 臥龍院清吹之間　3 臥龍山莊入口　4 不老庵
5 不老庵內部　6 臥龍院與庭園

香川

德島

愛媛　高知

高知縣

龍馬的高知

提到高知，很多日本人第一個聯想到的一定是坂本龍馬這位近代歷史名人。

天保 6 年（1835 年），高知城下町的一個下級武士之家誕生了一個男丁，取名為龍馬，沒人預料到，這位幼時缺乏自信和勇氣的弱小男孩，在長大成年後，竟大大影響幕府末年正飽受歐美列強嚴重衝擊的日本走向。

龍馬原本只傾心學習劍術，還從土佐（高知）遠赴江戶（東京）拜入名師北辰一刀門下。龍馬在江戶期間除了劍術精進，並有了更開闊的眼界，尤其遭遇撼動日本近代歷史的「黑船事件」（1853 年），也從此影響龍馬之後的人生。

結束 1 年多在江戶的劍術修業，回到土佐的龍馬最早參與武士半平太成立的「土佐勤王黨」，但已然看清世局的龍馬不想再被束縛於「土佐藩」，兩度脫藩，並加入勝海舟門下，向他學習海軍及航海技術。龍馬在日本存亡之際積極奔走，組織「海援隊」執行海軍及貿易的任務，促成幾近不可思議的「薩長同盟」，並提出新國家體制方針，於進京時在船上寫成近代歷史有名的「船中八策」，第一策就是大政奉還；後來成功遊說幕府，德川幕府第十五代將軍德川慶喜還政給天皇，但一個多月後，龍馬卻於京都的近江屋遇襲後身亡（至今仍是一起歷史懸案），結束短暫卻充滿傳奇的一生，巧合的是，龍馬 33 歲遇刺身亡那年，也是文豪夏目漱石的誕生年。隔年（1868 年），日本進入明治時代，開始朝現代化國家突飛猛進。

我沒有認真研究過這段有些複雜的幕末歷史，因為登場的人物實在太多，對坂本龍馬的認識主要來自 NHK 大河劇《龍馬傳》和小說，還有其他三不五時就會有這位高知英雄出現的日劇，比如說穿越時空劇情的《仁醫》或《武士老師》，不同編劇下的龍馬多少會呈現不同的形象，但總是讓世人對他更加認識。

第一次搭車來到 JR 高知站，走出閘門迎面而來就是坂本龍馬和妻子阿龍的大型人像立牌，以及龍馬時代的高知城下古地圖，果然是一個和龍馬分不開的城市。

1 JR 高知站前廣場雕像，由左而右武市半平太、坂本龍馬、中岡慎太郎 2 龍馬誕生記念館 3 坂本龍馬誕生地 4 水天宮 5 日根野道場跡

　　JR 高知站前廣場有三尊雕像，已經成為城市的地標，由左而右分別是武市半平太、坂本龍馬、中岡慎太郎。

　　武市半平太是下士的領袖，文武雙全，和龍馬亦師亦友，組織土佐勤王黨，始終效忠主君、反對開國政策，積極展開尊王攘夷的倒幕運動，卻和土佐藩掌握實權的吉田東洋想法不同，後來武市乾脆暗殺吉田東洋，並聯合反吉田的重臣，一度掌握藩政，達到人生的高峰。但後來情勢急轉直下，勤王黨遭到掃蕩，武市也被捕入獄，最後被藩主山內容堂命令切腹自盡，算是時代下的悲劇人物。

　　中岡慎太郎也是幕末志士，比坂本龍馬小 3 歲，曾在武市半平太的道館學習劍術，許多經歷與龍馬相似，他組織「陸援隊」與龍馬的海援隊相呼應，最後也一同在京都遇襲，只比龍馬多活了兩天後過世。

　　NHK 大河劇《龍馬傳》由福山雅治擔綱主演，是飾演過龍馬的演員中最帥的一個，在高收視率的加持下，當時可是讓日本再度掀起一股龍馬熱潮。2009 年 TBS 為了紀念開台 60 週年製播的《仁醫》(JIN- 仁 -)，故事雖以南方仁醫生穿越時空回到江戶時代為主軸，但劇情實則環繞著這位幕末英雄，內野聖陽飾演的坂本龍馬總是帶著爽朗的笑容與熱情，成了劇中最受歡迎的角色。透過《龍馬傳》和《仁醫》這兩部經典連續劇，也讓更多人對這位土佐偉人留下鮮明的印象。

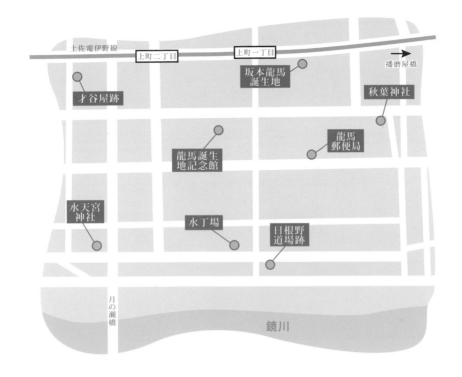

土佐電伊野線

上町二丁目　上町一丁目

才谷屋跡

坂本龍馬
誕生地

播磨屋橋 →

秋葉神社

龍馬誕生
地記念館

龍馬
郵便局

水天宮
神社

水丁場

日根野
道場跡

月の瀬橋

鏡川

4

5

坂本龍馬出生和成長地就位於現在的高知市區內，只要搭乘土佐電在「上町一丁目」下車，附近走上一圈，就能前往龍馬誕生地、「龍馬誕生地記念館」、龍馬小時候經常去拜拜的「水天宮」、14歲開始到脫藩前學習劍術的「日根野道場跡」、龍馬郵局，來一趟龍馬歷史巡禮。

高知市立龍馬誕生地記念館

🕐 8:00 ～ 19:00
🈺 全年無休
💴 成人 300 日圓，高中以下免費
📍 高知市上町 2 丁目 6-33
🚌 土佐電「上町一丁目站」下車徒步 3 分鐘
🌐 http://ryoma-hometown.com

1 高知觀光情報發信館
とさてらす 2 高知名
所立體圖會

　　JR 高知站南口前除了有影迷必訪的「龍馬伝幕末志士社中」，與其相鄰的「高知觀光情報發信館とさてらす」是開始高知觀光前，認識當地最好的地方。

　　高知觀光情報發信館佔地不小，裡面陳列豐富的旅遊資訊，也販售各式紀念品、土產，服務人員熱心有禮，任何有關高知觀光旅遊的問題都可以詢問，是非常用心經營的一處觀光案內所。

　　發信館內有高知最知名的祭典「よさこい祭り」（夜來祭）的介紹，還有對於土佐方言的電視教學，內容非常有趣。最特別的是有一個大型「高知名所立體圖會」模型，將高知縣各行政區的特色具體呈現，並和當地有關的名人、名物結合，例如高知市當然是坂本龍馬、安芸市代表人物就是岩崎彌太郎和阪神虎、中土佐町則用久礼大正町市場和鰹魚燒……，透過生動的模型可以很快速地認識高知各地，非常厲害的表達方式。

高知觀光情報發信館とさてらす

🕐 8:30 ～ 18:00
🈳 全年無休
🌐 高知市北本町 2-10-17
🚌 JR 高知站南口徒步 1 分鐘
💻 https://kochi-tabi.jp/tabihiroba/tosaterrace.html

在土佐電遇見龍馬

高知市和松山市一樣，市區交通以路面電車為主，可以搭乘路面電車緩緩閒晃。

高知的路面電車由「とさでん交通公司」經營，簡稱「土佐電」，有兩條路線，呈十字交叉。南北向的路線從JR高知站往南開到「棧橋通五丁目」，里程較短，只有11個車站；另一條西起「伊野」，止於東邊的「後免町」，有多達66個車站，兩條路線唯一交會站是「はりまや橋」（播磨屋橋）。

在高知市區觀光時，許多人可能都有從高知車站搭到「高知城前」的需求，不過這種免換車的班次極少，幾乎都要在播磨屋橋站下車，再轉乘東西向的路線。車資方面，在市中心的均一區間路段是單一票價200日圓，超過此區間才會遞遠遞增，最高480日圓，持四國鐵路周遊券可免費乘車，只要下車時出示給駕駛看即可。如果沒有Pass，下車時投幣付款即可，如果有多次搭乘需求，可在車上跟駕駛購買一日乘車券（500日圓，均一區間內；1,000日圓，全路線）。

1 高知市區交通以路面電車為主 2 JR高知站前乘車月台上「電中八策」告示

土佐電是日本現存最古的路面電車，最大特色是聯合國，部分車廂來自一些城市汰換的列車，因此可以看到許多形式各異的車輛，車輛的塗裝也很多元，是搭乘高知路面電車的一大樂趣，也是路面電車愛好者必訪的系統。土佐電發車起點的 JR 高知站前乘車月台上，巧妙結合歷史梗，仿坂本龍馬的「船中八策」，立了一張「電中八策」告示，用輕鬆爆笑的筆觸告訴旅客搭乘須知，其中第一條寫著「即使是帥哥駕駛員在前方駕駛，也請您從後方車門上車！」看到這一條，很想跟土佐電說：「你們可以正經一點嗎？」（笑），真是很有創意的作法。

第一次搭乘土佐電時大概是已經過了上午尖峰時刻，車上空無一人，後來才陸續有人上車。這台車車內的廣告不多，取而代之是小學生的繪畫作品，筆觸充滿孩童天真的想像，將車廂妝點得色彩繽紛，這樣的作法或許廣告收入會少一些，但能讓市民共同參與、增加對土佐電的認同，有不可計量的無形價值，是很好的方式。

搭乘路面電車時，我喜歡坐在最靠近車頭的位置，有著和司機接近的視野，能欣賞城市的街景，並且可以看到司機專注開車的樣子。路面電車司機工作可不輕鬆，除了要隨時專注路況、廣播，下車時還要確認旅客付費的情形，司機也都不忘對每一位下車的乘客說聲「ありがとうございます」（謝謝），展現服務禮儀。也許是本身職業的關係，每次到日本都會特別觀察各鐵道系統的設施和服務，搭乘土佐電時發現這家公司近期提出希望社員在安全、服務、應對等方面能做到西日本第一的目標，正推行「接遇三齊唱」的禮貌運動，值得台灣軌道業參考。

1

　　土佐電的車站就如同一般公車亭，大多位於馬路中央，所以候車區月台通常都有點窄，寬度約略只能同時容納一個人通行，不然就要側身才不會碰到別人。有一回來到高知，午後的市區正下著雨，我們撐著傘準備走向有雨遮的月台候車，有位穿著整齊襯衫的男子，不顧雨勢、隨即往前跨步到下方軌道，禮讓通行後再站回月台上，起先我不以為意，接著他又重複同樣的動作，讓其他人通過。

　　電車進站，大家依序從後門上車，不過這位男子卻是從前門上車，我心裡想他一定是沒看過「電中八策」，但接著他俐落的在前方看板換上（他的）名牌，轉身向乘客一鞠躬，隨後坐上駕駛座，原來是我有眼不識泰山，他是要接手的電車司機啦！仔細看了一下名牌，發現這位司機的名字也叫龍馬，這時想起他

剛才在月台禮讓乘客的行為、以及鞠躬（表示接下來由我為大家服務，請多多指教）的這些動作，感覺更加帥氣了，也讓人覺得感動，土佐電推行的運動真的不是說說而已，員工已經在身體力行。

　　在土佐電車上遇見真正的龍馬，在 21 世紀化身為一位體貼的路面電車司機，成了我最深刻的搭乘經驗。

土佐電とさでん

🌐 https://www.tosaden.co.jp/

1 土佐電可以看到許多形式各異的車輛 2 小學生的繪畫作品列車 3 一般路面電車月台都很狹窄 4 在土佐電遇到現代龍馬 5 はりまや橋是兩條路線唯一的交會站

高知的廚房
ひろめ市場

　　初抵高知並安頓好行李後，從路面電車的起點高知站出發，搭了短短3個站，幾分鐘後在兩條電車路線的唯一交會站「播磨屋橋」下車。

　　播磨屋橋是高知市內的定番景點，是江戶時代商人播磨屋和櫃屋為了跨越護城河，方便兩家往來而架設的木橋。在明治時代，曾發生竹林寺僧侶純信和一位女子間一段淒美的愛情故事，讓播磨屋橋更加有名，如今已經改建成石橋，一不留意就容易錯過。

　　一旁鮮豔紅色的太鼓橋反而更吸引人，遊客紛紛在此取景合照。到播磨屋橋時天空又開始下起雨來，還好一旁就是連綿不絕的商店街，是雨天最好的朋友。

　　高知市是一個商店街連綿不絕的城市。太鼓橋的對面，是有著日本少見的木造屋頂「播磨屋橋商店街」，堪稱日本最美的商店街拱廊；太鼓橋這一側，則是「京町商店街」，入口處有間土產店擺放了一隻穿和服的Hello Kitty，很好辨識。

　　京町商店街不長，隨即和「新京橋

商店街」連結，新京橋商店街兩側又分別連著「一番街」（右）、「帶屋町一丁目商店街」（左），一番街橫貫過「中之橋商店街」後，稱為「帶屋町二丁目商店街」，盡頭就是高知美食集散地「ひろめ市場」（弘人市場）。覺得有些混亂是嗎？反正就順著屋頂繼續走下去就不會錯了。

弘人市場是市內相當受歡迎的市場，濃濃的復古味，看板畫著一隻招財貓，微笑迎接大家到來。市場從早上就開始營業，上午是一般的菜市場，以零售為主，販賣生鮮水產、熟食等，晚上就變成像是台灣百貨公司的美食街，暖色的燈光營造出一股懷舊的氣息，大家點好餐後自行找位置享用美食，許多當地的上班族下班後也會來此小聚，喝酒聊天，讓弘人市場早晚的氣氛大不同。

1 帶屋町商店街前大天傘　2 播磨屋橋商店街有著日本少見的木造屋頂　3 太鼓橋　4 播磨屋橋站（南北向月台）
5 京町商店街入口處的 Kitty

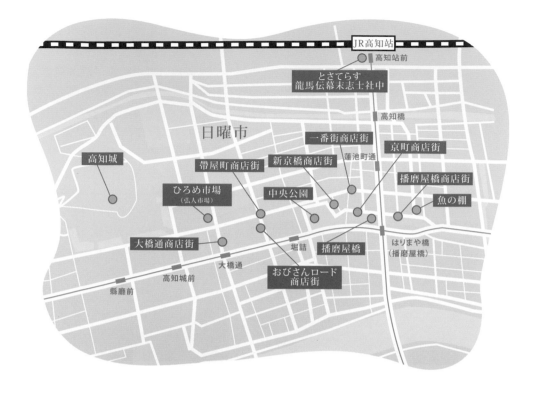

高知縣南面迎廣闊無際的太平洋，盛產鰹魚，有「鰹之國」的美譽，是當地最常見的魚類。市場內最有名的餐廳就是「明神丸」了，採半自助點餐方式，向店員點餐後結帳取餐。明神丸的鰹魚會以藁（乾燥的稻子或小麥的莖）為燃料，現場用大火直接炙燒，場面震撼，成了一種有看頭的實演。

明神丸是家水產公司，自己有漁船，強調鰹魚用魚竿一本釣（不是用魚網捕撈），我點了鰹魚燒（藁燒き鰹タタキ）定食，以及四萬十川特產的青海苔天婦羅，拿到餐點，找了一處空位和一對日本夫妻比鄰而坐。鰹魚的顏色較深，外表經過炙燒，灑上粗鹽，能品嚐到魚肉本身的鮮美，搭配白飯和味噌湯，份量不多，不是吃粗飽，卻更有種意猶未盡的感覺，讓人下次還想再吃一次。吃完後不用自行收拾餐具，會有專人整理桌面。

弘人市場對面有間「每日屋」超市，是以高知為中心展開的連鎖店，商品種類豐富，價格也比超商便宜，店家還特別將高知特產集中呈列在一個架上，是旅行途中採買土產、水果、零食的好地方。

1 帶屋町商店街 **2** 弘人市場
3 弘人市場晚上變成像是台灣
百貨公司的美食街 **4** 弘人市
場鮮魚店家

　　下午的行程是要到四萬十川，我們在弘人市場裡買了午餐，可在特急列車上享用。經過「大橋通商店街」，就可以看到位在馬路中央的路面電車「大橋通站」，我們在此搭車，然後再次於播磨屋橋站轉乘，回到 JR 高知站，路面電車上兩位女生觀光客，看來應該是從台灣或香港來旅遊的。

弘人市場

🕐 10:00 ～ 23:00（星期日自上午 9 點營業，不定休）
🏢 高知市帶屋町二丁目 3 番 1 號
🚌 土佐電「大橋通站」下車徒步 2 分鐘
🌐 http://www.hirome.co.jp

餐廳 info ········

明神丸

- 🕐 11:00 ～ 21:00（星期日 10:00 ～ 20:00，定休日同弘人市場）
- 🈳 高知市帶屋町 2-3-1 弘人市場內
- 🚊 土佐電「大橋通站」下車徒步 1 分鐘
- 🍽 藁焼き鰹の塩たたき定食
- 🌐 http://myojinmaru.jp

下午茶 info ········

カフェ ド 梵

- 🕐 11:30 ～ 23:00（不定休）
- 🈳 高知市帶屋町 1-14-33-1F
- 🚊 土佐電「堀詰站」下車徒步 2 分鐘
- 🍽 蛋糕、咖啡
- 🌐 http://www.cafe-de-bon.jp/

四萬十川

最後的清流

在JR高知站內的商店買了一款便當，來到月台，預定搭乘的特急「南風」3號已經停在月台，是可愛的麵包超人列車。

月台上有間「安藤商店」販售正統的「駅弁」（鐵路便當）。這段時間JR四國正舉辦「四國駅弁選手權」（四國鐵路便當大賽），有不少看起來很美味的便當，安藤商店販賣的參賽便當是「龍馬弁」，列車就快要開了，趕緊掏錢買下。

1 四萬十川有日本最後的清流稱號
2 特急「南風」3號

不愧是以名人命名的便當，內容非常豐盛，符合坂本龍馬的歷史地位，超過 10 種的菜色，有當地盛產的鰹魚，也有蝦子、干貝、握壽司、香菇……，是一款對得起售價的便當。

至於在車站一樓買的「母子弁当」，同樣是參賽款，內容雖然沒有龍馬弁那麼豪華，但價格親民，只要 500 日圓的銅板價，美味卻一點都不打折，土雞肉以醬油醃漬入味、很有嚼勁，搭配好吃的米飯，令人吃完還想再吃，兩款便當都令人滿意。搭配剛剛在弘人市場買的炸物，有炸牛蒡、天婦羅，還有一盒握壽司，不會比在餐廳吃得差。

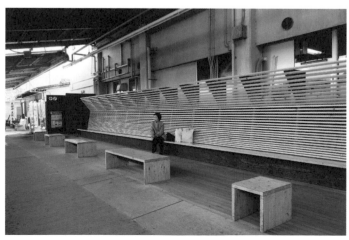

1 月台上安藤商店販售的駅弁
2 龍馬弁

四萬十川的流域相當廣，一般會到下游出口附近的中村，騎乘腳踏車遊覽這條最後的清流，中村距離高知 115 公里，鐵道車程約 1 小時又 45 分鐘。

行經 JR 窪川站後，路線就屬於「土佐くろしお鉄道」（土佐黑潮鐵道）的營運範圍，這班特急「南風」是直達車，坐在車上沒有特別感覺，不過仔細看窗外的話，就會發現車站的標示方式已經和 JR 不太一樣。使用全國版的 JR Pass 搭乘這一段是另需補票的，四國鐵路周遊券可以直接搭乘。

午後時分，抵達這班列車行駛的終點「中村站」，非假日加上離峰時間的關係，下車的人不多。中村站的月台只以木頭的原貌簡單裝飾，給人清爽的感覺，站名以英文拼音表示，突顯現代感。

中村站的月台只以木頭的原貌簡單裝飾

1 中村站 2 中村站名以英文拼音表示 3 距離車站約 300 公尺的物產館

　　2014 年是中村站相當風光的一年，因為這座車站奪下當年鐵道界唯一設計競賽 Brunel Award 的優秀賞，同年受賞的還有妹尾和世設計的「JR 日立站」，以及名設計師水戶岡銳治操刀的 JR 九州超級豪華列車「ななつ星 in 九州」，都是鐵道界赫赫有名的案子。

　　候車區有一整排的桌椅座位，營造出圖書館的感覺，是相當有創意的車站空間設計。車站外有小孩釣魚及拿著捕蟲網的雕像，強調以自然取勝的地方特色。中村站所在的四萬十市是 2012 年日劇《遲開的向日葵》（遲咲きのヒマワリ～ボクの人生、リニューアル～）主要的拍攝場景，第一集有一幕生田斗真和真木陽子相遇交談的場景，就在中村站前雕像旁。

　　這時看到兩個女生拉著行李從車站走出來，這不是剛剛在高知市搭路面電車時遇到的人嗎？好巧，又遇到了。只見她們直接走向車站右前方的腳踏車店，是滿多網友利用的店家，也提供寄放行李服務，不過我更推薦的是位在車站出口左側的四萬十市觀光協會。

① ② 地標赤鉄橋 ③ 赤鉄橋下方河道

　跟案內所的工作人員表示要租腳踏車，年輕的小哥先要我們選車款，選了最便宜、沒變速的淑女車，接著向他請教騎乘路線，這位小哥隨即拿出地圖，相當仔細地說明。他推薦單程約 8 公里的佐田沉下橋路線，並用螢光筆註記。每台腳踏車的租車費用是 5 小時內 1,000 日圓，租 24 小時的話則是 1,500 日圓。這裡也有電動腳踏車可以選擇，費用是 2,500 日圓（5 小時內），不過必須在下午 5 點半前還車。

　我將地圖攤開放在菜籃，往最後的清流四萬十川出發。從車站前道路騎出來後要立刻右轉，先直騎不要轉彎，這段路是市區，沒有景色，路上車輛也頗多，不過騎在人行道上，還滿安全的，遇到全家便利超商後左轉，繼續騎就會看到地標「赤鉄橋」（紅色鐵橋）。

　這條紅色鐵橋真正名稱是「四萬十川橋」，建於大正 13 年（1924 年），全長有 438 公尺，當時是四國第一大橋。中間雙向車道各一，兩旁各有人行／自行車道，騎過鐵橋，隨即右轉，沿著四萬十川的右岸往上游方向前進。

赤鉄橋

236

下午的四萬十市天氣晴朗，氣溫也適中，騎在河岸上，一旁是潺潺清流，遠方有翠綠山巒，沒有讓人驚艷的壯麗大景，卻更能由衷感受這種真實的美好，加上鄉下地方空氣清新，沒有大都市擁擠的人潮，僅偶有在河堤上健走運動的民眾與我們交會，實在是很舒服的一段路程。

四萬十川是四國第二大河流，全長 196 公里，這裡已經是下游河段，從標示可以看出離出海口只有 12.8 公里。經過一個小售票亭後，進入產業道路，兩旁是樹林，路線有點曲折，上午剛下過雨，蚯蚓都跑出來透氣，不知是否自然環境太過優渥，這裡的蚯蚓體型非常大，呈現藍紫色，騎車時還特別小心閃避，盡量不要壓到。

透過樹木，還是能看到四萬十川在右邊，確認沒有偏離騎錯路。來到「佐田展望所」，距離沉下橋只剩 1 公里，從這裡已可以眺望到一座沉下橋，就在前方不遠處了。

從觀光案內所騎上腳踏車，沿途邊騎邊拍邊錄影，約莫花了 1 個小時終於抵達「佐田沉下橋」（正式名稱是「今成橋」）。

沉下橋是橋樑的一種形式，橋面距離河流較近，一旦遇到洪汛期高水位時，便會整座橋沒入水中，因此稱為沉下橋，在日本還有潛水橋、潛沒橋、潛流橋等別稱。沉下橋最大特徵就是兩側沒有欄杆，一旦遇到暴雨導致河水上漲會整個沒入水中，減少可能受到的破壞程度，即便損壞，整修的花費也相對較少。在四萬十川流域內，共有 47 座沉下橋，已被列入生活文化遺產，是和四萬十川密不可分的高知象徵。

1 清澈的河水 2 屋形船

1 佐田展望所 2 遠眺佐田沉下橋 3 沉下橋最大特徵就是兩側沒有欄杆

佐田沉下橋

　　現在應該算是枯水期，水位不高，但水質非常乾淨，果然不負最後的清流美名。沒多久，已經有三面之緣的那對女生也騎到沉下橋（剛剛在騎車途中也曾遇到），禮貌性打個招呼，才知也是從高雄來的，還是搭同一班飛機抵達關西空港。

　　佐田沉下橋橋面幅度並不寬，大約只有 3 公尺，只能容納一輛汽車單向通行。租腳踏車時，案內所的工作人員建議用牽的方式過橋（如果我沒聽錯的話），大概是因為沒有欄杆的關係，擔心風大或騎車技術不佳而不小心發生跌落橋下的情形吧。

　　河水真的好清澈，安靜的鄉間，只有規律的流水聲，待在這裡心情不自覺也和緩平靜了起來，是很療癒的一個景點。

　　緩緩的騎到對岸，再次停下來，從另一個角度來看四萬十川和佐田沉下橋。遠處駛來一艘屋形船，將水面妝點得別有一番風味。

　　來的時候騎右岸，現在則要從左岸回去。一開始的路幅較小，真的是鄉間小路，就依方向感來騎了，之後接到縣道就比較安心，畢竟真的是在荒郊野外，萬一迷路可就不好玩了。回程比較沒有停留，約莫只 20 分鐘就看到紅色鐵橋再次出現眼前。這裡有個河濱公園，視野遼闊，在此停車稍歇，我放下相機恣意眺望，希望把這美好的一刻，好好地記憶在腦海裡。

持續往中村車站的方向移動，先不急著還車，直接騎到位於車站約 600 公尺外的「物產館 Sun River 四萬十」（物産館サンリバー四万十），這裡是四國最大的地方特產直銷中心，一進去之後發現實在太好逛了，網羅四萬十川及高知縣的農特產與伴手禮，讓觀光客可以一站完成土產採購，來到日本多次，發現這類的產直市場比一般超市有趣多了，且更能買到許多真正當地限定的好商品。載著滿滿戰利品緩緩騎回中村車站還車後，那兩位女生已經在候車室休息，等待前往宇和島的車，大家小聊了一下，互相道別。

在四國能遇到台灣人的機會相對於東京或關西少了許多，能這樣從早上開始即不斷相遇，也算是很有緣了。搭乘中村 16:47 發車的特急「あしずり」（足摺）12 號，準備返回高知市區，結束 3 個多小時的四萬十川遊，稍嫌短暫的停留，但帶給我們的印象是美好的，更羨慕當地能有這麼棒的一條河流，期待日後在不同的季節還有再訪的機會。

物產館 Sun River 四萬十

🌐 http://www.sunriver-shimanto.com

1 產直市場有豐富的地方農特產 2 回程一開始是鄉間小路 3 視野遼闊的河濱公園

1 JR江川崎站（羅伯特攝）2 海洋堂ホビートレイン（羅伯特攝）3 海洋堂ホビートレイン車廂內（羅伯特攝）4 鉄道ホビートレイン（羅伯特攝）

予土線三兄弟

　　從高知出發，搭乘JR予土線來到JR窪川站或是JR江川崎站後，有機會可以搭乘三輛稱為「予土線三兄弟」的觀光列車，長男、次男、三男依序為「しまんトロッコ」、「海洋堂ホビートレイン」、「鉄道ホビートレイン」。

　　しまんトロッコ（Shiman Toroko）由貨車改裝，形式有點像是京都嵐山嵯峨野的觀光鐵道，開放式的設計可欣賞四萬十川的美麗風景，車上還會有志工沿途解說，行駛窪川到宇和島間。

　　海洋堂ホビートレイン（海洋堂Hobby Train）是以知名的模型公司海洋堂發想設計，車內展示海洋堂生產的模型，還有大型河童公仔可以拍照。

　　鉄道ホビートレイン（鐵道Hobby Train）的外觀就一台子彈列車，雖然車速完全不能相提並論，但忠實重現第一代0系新幹線，列車座椅更是一模一樣，車內展示許多鐵道列車模型，是鐵道迷最愛的一款列車。

　　予土線三兄弟中的海洋堂Hobby Train和鐵道Hobby Train每天都有運行，Shiman Toroko則是特定日期行駛，且全車均為指定席，要先劃位，出發請先查詢確認，以免撲空。

四國觀光列車

http://www.jr-shikoku.co.jp

酒蔵之町佐川

　　一個僅有約 1 萬 3 千人的小鎮，適合喜歡靜靜散步的旅人。一開始看地圖以為範圍廣闊，從高知搭乘觀光列車來到佐川，走出車站後發現其實是一個小巧但很有深度的地方，景點相當集中。從 JR 佐川車站出來直走右轉，隨即會遇到一個岔路，先選擇左邊那一條名為「酒蔵之道」的小路，寧靜整潔的街道，空氣中飄散著一股香氣，淡淡的、帶點蒸煮過的米混合著酒麴的味道，日本稱為「吟釀香」，果然一旁就是當地最具盛名的「司牡丹酒造」，已有長達 400 多年的釀造歷史。在江戶時代，佐川是商人開店經商之地，許多氣派的木造建築物依然保有傳統風貌，為數眾多的白壁倉庫則用來存放酒製品。

　　酒造旁是「名教館」，有著造型優美的玄關，這裡是藩政時代由佐川領主深尾氏所設立的學校，起先作為培育家臣的孩子們的場所，後來擴充為鄉校，在明治維新時，培育出各領域許多優秀的人才，鋪著榻榻米的教室內立著曾在此受教的名人立牌，包括牧野富太郎博士。

1 以釀酒聞名的佐川街道上飄散著酒麴的味道
2 名教館

　　名教館斜對面一棟醒目的白色二層洋樓，寫著「青山文庫」，一樓展示著明治時代須崎警察署的資料，讓人感到有些疑惑。原來這棟高知現存最古老的木造洋館，當時真的是警察署，在昭和5年才改為川田文庫及青山文庫，成為私人設立的圖書館，現在的正式名稱是「佐川文庫庫舍」，室內空間開放免費參觀。

　　繼續往前走，轉角處一棟民家，是植物學家牧野富太郎出生的地方，因年代久遠，原住宅早已經毀壞，利用一張清晰的老照片，在原地復原重建，並設立「牧野富太郎民俗博物館」（牧野富太郎ふるさと館），館內有牧野博士生平的詳細介紹，並展示眾多遺物及手稿，值得入內仔細閱覽。往山坡上方向經過真正的「青山文庫」及「青源寺」後，就是以他來命名的「牧野公園」。明治35年（1902年），牧野博士曾贈送一批東京的染井吉野櫻樹苗給家鄉，如今已讓這座公園成為日本櫻花百選名所之一。

名教館

- 🕐 9:00 ～ 17:00
- 🚫 星期一
- ¥ 免費
- 🚉 JR 佐川站下車徒步約 7 分鐘
- 🏠 高知縣高岡郡佐川町甲 1472-1

牧野富太郎民俗博物館

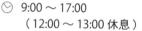

- 🕐 9:00 ～ 17:00（12:00 ～ 13:00 休息）
- 🚫 星期一
- ¥ 免費
- 🚉 JR 佐川站下車徒步約 8 分鐘
- 🏠 高知縣高岡郡佐川町甲 1485

1 曾在名教館求學的名人　**2** 佐川文庫庫舍　**3** 佐川文庫庫舍內部　**4** 青源寺　**5** 牧野富太郎ふるさと館

麵包超人列車

大人小孩都喜愛

如果說位於北陸的富山縣是藤子不二雄的天下、水木茂的鬼太郎獨佔了鳥取縣，四國的漫畫代表就絕對非「麵包超人」莫屬了。行銷觸感一向很靈敏的鐵道公司，將麵包超人與列車結合，成了 JR 四國最有名的車款之一，在主要的路線，包括瀨戶大橋線、土讚線、高德線、予土線都有機會能搭到，JR 高知站還將麵包超人卡通主題曲作為列車到站音樂，輕快的旋律讓月台充滿歡樂的氣氛。

第一次看到麵包超人列車是在 JR 高松站月台候時，一輛「アンパンマントロッコ号」（麵包超人 Toroko 號）駛進月台準備發車，立刻成為眾人的拍照焦點。麵包超人 Toroko 號是橫跨瀨戶大橋，往來四國的高松（或琴平）和本州的岡山之間的列車，全車只有兩節，一節是一般密閉式車廂，另一節是半開放式，無論車子內外都是滿滿的麵包超人，車內還打造兒童專屬遊樂  區，非常受歡迎。不過這列車全車都是綠色車廂指定席，持四國鐵路周遊券仍要再付指定席特急券及綠色車廂費用，搭乘超過 JR 四國的營運範圍則要支付全額車資。

麵包超人 Toroko 號

行駛在土讚線上的麵包超人列車，則是特急「南風」，往來高知縣的中村到岡山之間，外觀分成綠色車身及橘色車身兩種車款，車內貼滿麵包超人系列人物，其中約半節車廂是麵包超人指定席，連椅背都是麵包超人，車內還有印章台可以集章。持四國鐵路周遊券需事先於車站的綠色窗口或 Warp 出示周遊券，並且購買指定席特急券才能搭乘。

搭到麵包超人列車絕對是很高興的事，麵包超人短短的身軀加上圓滾滾的臉龐，看了不自覺心情就會好起來，上車後大家都拍個不停，有些家長更是特地帶著小朋友來搭乘；列車掌查票時所蓋的章，也是麵包超人的圖案，超級可愛，為了這個章，我可是每次

有機會搭乘到麵包超人列車的話，一定會事先劃位購買指定席，因為如果直接秀四國鐵路周遊券上車，雖說可以搭乘自由席，但就不會有指定席實體車票，少了一些蒐集車掌驗票章的樂趣；有時即便只搭到一般車輛，和對向麵包超人列車會車相遇時，車身滿滿的圖案，看了也讓人開心，是在四國利用鐵路移動時特有的驚喜。

這些麵包超人列車並不一定每天都有行駛，安排行程前最好還是先上官網查詢確認，以免向隅。

‖ 麵包超人列車 ‖

http://www.jr-eki.com/aptrain/index.html

1 JR 高知站與停在月台的麵包超人列車 **2** 特急「南風」3 號 **3** 特急「南風」麵包超人席 **4** 和對向麵包超人列車會車相遇時

充滿愛與勇氣的帥氣老爹

提到麵包超人，就一定要認識創作出他的作者やなせ たかし（柳瀨嵩）。

1919 年柳瀨嵩於高知縣香美市出生，在第二次世界期間曾被徵召入伍加入野戰重砲部隊，並被派赴中國戰場，歷經艱苦的日子。戰後的日本人都過著很辛苦的日子，多才多藝又勤奮的柳瀨嵩，為了生活嘗試過許多工作，如報社記者、舞台設計總監、三越百貨的宣傳人員，在這個階段還留下由他描繪，你我一定都看過的「Mitsukoshi」藝術字樣經典款式包裝紙，三越百貨一用就超過半世紀；他從小就有繪畫天份，也早早投入漫畫創作，卻一直沒有畫出代表作，心裡不禁想說或許就這樣沒沒無聞度過一生吧。

但老天不會埋沒始終努力不懈的人，柳瀨嵩以一本原創繪本《溫柔的獅子》開始受到好評，之後再以過去所創作要給大人看的童話故事，其中一篇名為麵包超人的故事為基礎，改寫畫出第二本繪本《あんぱんまん》（麵包超人，最初使用平假名，因為是要給幼兒閱讀），這時的柳瀨嵩已經 54 歲了。

當時是日本泡沫經濟最高峰，一切以利己至上，社會流行的是假面騎士和鹹蛋超人這類英雄，但或許因為曾經實際受過戰爭的洗禮，柳瀨嵩的這本繪本很不一樣，主角是個非典型的超人，長得高高的、穿著破爛的披風，熱心又充滿正義感，可以撕下自己用紅豆麵包做成的臉給飢餓的孩童或有需要的人吃，柳瀨嵩希望傳達「唯有自我犧牲才能成就真正的正義」這樣的信念。

但這樣的角色設定並不討喜，一開始也沒什麼好評，卻意外很受 3～5 歲純真的小朋友喜愛，作者也逐漸修正超人身形比例，成為接近現在看到的可愛模樣。麵包超人誕生 15 年後，由電視台製成動畫播映，成為 90 年代日本最紅的卡通之一，這時已近古稀之年的柳瀨嵩才真正嚐到走紅的滋味，連當今日本天皇都成為麵包超人的忠實觀眾，足見這部卡通受歡迎的程度。

柳瀨嵩爆紅之後仍堅守工作崗位，直到 90 幾歲依然創作不懈，總共為麵包超人畫出超過 2,000 個角色，成為一項特殊的金氏世界紀錄。他於 2013 年辭世，留下麵包超人這部讓世人難忘、永遠充滿正面能量的經典卡通和許多作品，為傳奇的一生劃下美好的句點。

竹林寺
植物園旁有靈場

土佐電雖說是高知市民之足，途經的觀光地卻相當有限，部分景點還是必須利用巴士才能前往。高知市為此開闢了一條周遊觀光用的「My 遊バス」（My 遊 bus），對觀光客來說非常方便。

在 JR 高知站前的高知觀光情報發信館的櫃檯，就可以買到這張便利的票券，一日券 1,000 日圓，範圍最遠可到高知市內南端的桂浜，一處和坂本龍馬有密切關聯的場所。My 遊バス另外還出了「五台山一日券」，適用的範圍較小，價格只要 600 日圓，不過這些都是日本人的票價，外國觀光客只要出示護照，以上的價格通通折半，用銅板價就可以暢遊高知。

My 遊バス的上車地點在龍馬伝幕末志士社中旁的站牌，觀光專車的車身有特殊的塗裝，車頭正是坂本龍馬的圖樣，燈箱位置「My 遊バス」字樣清楚明顯，辨識度很高，車上的觀光客還不少。

1 濱口雄幸（1870～1931 年）銅像 **2** My 遊バス的上車地點在龍馬伝幕末志士社中旁的站牌，車頭是坂本龍馬的圖樣

1 五台山展望台眺望景色 **2** 一樓的繪本書店 **3** 二樓咖啡店的龍馬咖啡

五台山

發車後前半的部分路段和土佐電行走路線一樣，過了「知寄町二丁目」站後，巴士才往東南方向駛去，緩緩爬上五台山。一般來說，日本的流浪貓狗不多，不過高知似乎不太一樣，搭車上山時一路看到不下十隻的貓咪。

在爬坡上來的最高點「五台山展望台」站牌下車，前方是座公園，花圃旁又看到一隻虎斑色的可愛貓咪。公園裡有尊「濱口雄幸」（1870～1931年）銅像，是第一位出身四國並擔任內閣總理大臣（第27任）的大人物，為人堂堂

正正、嚴謹誠實、清廉自持，有獅子宰相的美譽，至今仍為高知人所稱頌。銅像前有棟二層樓的「五台山展望 service center」，一樓是繪本書店、二樓有咖啡店，屋頂是圓形展望台。

五台山標高146公尺，位在高知市區的東南邊，登上展望台可以清楚眺望市區平原，往南可看到浦戶灣和高知港，由於周邊沒有其他更高的山，360度都沒有什麼障礙物，是四國少見能以全景欣賞夜景的地點。

南海第一道場：竹林寺

沿著柏油路往位於展望台下方的竹林寺前進，距離並不遠，沒走多久看到竹林的西入口，不過我們還是按部就班多花了點時間走到大門口，因為竹林寺是四國靈場第三十一番札所，想要依照順序正式參拜。

全名「五台山 金色院 竹林寺」的開創，與中國山西五台山有密切關連，相傳聖武天皇（724～749年在位）曾夢到奉祀文殊菩薩的五台山，於是命令行基菩薩尋找和山西五台山相似的地方，行基菩薩找到這裡，在此供奉文殊菩薩的雕樣，並建

立本堂安置，後來弘法大師來此停留修行，修復已然荒廢的堂塔。進入江戶時代，自土佐藩首位藩主山內一豐以來，竹林寺一直是歷代藩主皈依、祈願之地，寺運隆盛，有「南海第一道場」的美譽。

幾天下來已參拜多處八十八靈場札所，來到竹林寺，敲鐘、淨身、誦經等已然駕輕就熟，但沒有因此就草草進行，反而更加用心。

由於時間的關係，竹林寺是這趟四國行所能參拜的最後一處札所，感謝弘法大師的庇佑，讓行程一路平安順

利，遍路道上還有很多札所還沒能前往參拜，等待日後因緣俱足，一定會再次上路。

竹林寺境內很大，步道以外的地方佈滿青苔，莊嚴清幽，參拜者無不放低音量，以免破壞了周遭的寧靜。寺內最醒目的是高達 31.2 公尺的紅色五重塔，建築採鎌倉時代初期的樣式，是四國唯一的五重塔。

離開前當然不忘要到納經所，寺務阿姨先蓋上朱印，隨後瀟灑揮毫，闔上納經帳，用雙手遞回給我，眼角帶著的笑意親切說了聲「回去的路上請小心！」真誠而不做作的互動，讓我的心中也充滿暖意，這就是四國最迷人的地方吧。

第三十一番　竹林寺

🏠 高知縣高知市五台山 3577
🚌 My 遊バス竹林寺前下車

---

1 竹林寺山門 2 竹林寺鐘樓 3 竹林寺有四國唯一的五重塔 4 本堂供奉文殊菩薩 5 大師堂 6 在大師堂前的虔誠誦經者 7 寺務阿姨蓋上朱印後瀟灑揮毫

1 牧野植物園 2 資料豐富的牧野富太郎紀念館展示館 3 紀念館展示館中庭栽種 250 種與博士有關的植物 4 牧野富太郎埋首於資料堆中研究的身影

牧野植物園

　　竹林寺的山門前有個顯眼的溫室，是「牧野植物園」展區的一部份。這裡是為了紀念當地出生的植物學者、有日本植物分類學之父美譽的牧野富太郎博士（1862～1957 年）而闢建，已有近 60 年的歷史。

　　牧野博士出生在高知縣佐川町，在自然生態豐富的高知成長，從小就對植物備感興趣並自學植物學的知識。22 歲來到東京，在東京大學理學部植物教室進行植物分類學研究，正式開始長達數十年的研究生涯。長壽的牧野博士，一生研究不綴，共蒐集約 40 萬枚植物標本，並為超過 1,500 種新品種植物命名，是為日本植物分類學打下基礎的第一人。

　　園內依照五台山的地勢開闢，超過 3,000 種的植物，分成八大區，不用特意照園內地圖走也沒關係，到處都有值得觀賞的植物；位在距離門口最遠的「牧野富太郎紀念館」由內藤廣設計，圓形建築，設計上充分利用木

材的質感，並搭配園內景觀，形成自然和諧的空間，非常精彩，資料豐富的展示館內複製打造了一間牧野博士的研究書房，堆積如山的資料，博士即便已經高齡，依然致力於植物研究，精神令人感佩。這裡除非遇到校外教學團體，不然遊客並不多，是一個可以輕鬆遊憩又充滿知性的地方。

牧野植物園

- 🕘 9:00 ～ 17:00
- 🚫 年末年始（12/27 ～ 1/1）
- 💴 730 日圓（高中以下免費），持 My 遊バス乘車券 630 日圓
- 📍 高知縣高知市五台山 4200-6
- 🚌 搭 My 遊バス在牧野植物園正門前下車
- 🌐 http://www.makino.or.jp/

桂浜

　　從牧野植物園正面前搭乘按時刻表發車的 My 遊バス，先下五台山，接著一路往南，朝太平洋的方向前進。在高知觀光信息發信館とさてらす購買 My 遊バス車票時，工作人員特別最推薦桂浜，並建議先前往「坂本龍馬記念館」參觀，「如果反過來走的話是一路上坡，會有點辛苦喔」，工作人員貼心的提醒著。

　　約 25 分鐘的車程，公車停靠在「坂本龍馬記念館」前廣場，一尊真人比例的坂本龍馬銅像伸出右手，要與前來的每位遊客握手。記念館由本館及新館兩棟建築組成，外觀相當特殊，長條狀的全玻璃帷幕，有著比「龍馬誕生地記念館」更大的展示空間，在平成 3 年（1991 年）成立，並特地選在龍馬的誕生日（也是遇刺身亡日）的 11 月 15 日開幕，是深入了解龍馬生平的最佳記念館。

　　為了朝真正的博物館目標邁進，2017 年一度封館整修，並在明治維新 150 年紀念的 2018 年 4 月重新開館。本館展示豐富的龍馬相關史料、親筆寫的書信

等，除了常設的展覽，還有豐富的研究資料與藏書。新館的呈現方式比較活潑，以互動的方式，讓現代人可以親近這位土佐的偉人，以及認識幕末的歷史。

參觀完後步行到桂浜，這裡有一大片美麗的圓弧型沙灘，洶湧的浪花拍打著沿岸，一望無際的大海就是太平洋了。桂浜的沙灘看起來相當眼熟，因為在日劇《龍馬傳》中曾多次出現這個場景，總算來到這裡，有種不可言說的親切感。

一旁小山丘上有另一尊坂本龍馬像，彷彿要呈現他未完的宏大志向，定定望著遼闊的太平洋。這尊於1928年就已經設立的雕像出自名家本山白雲之手，龍馬的表情生動如真；高知觀光協會在每年春秋兩季，會例行舉辦「龍馬大接近」活動，於雕像旁搭建臨時展望台，讓民眾能登高到和龍馬像一樣的高度（13.5公尺），近距離接近龍馬，並以同樣的視角眺望太平洋，如果正好遇到這項活動，可不要錯過了。

1 坂本龍馬記念館　**2** 桂濱的坂本龍馬像　**3** 坂本龍馬記念館內 Q 版人像

高知縣立坂本龍馬記念館

🕐 9:00 ～ 17:00
🚫 全年無休
💴 500 日圓（高中以下免費）
🏛 高知縣高知市浦戶城山 830 番地
🚌 搭 My 遊バス在坂本龍馬記念館下車
🌐 http://www.ryoma-kinenkan.jp/

要前往位在高知東邊的安芸必須搭乘 JR 土讚線轉「土佐くろしお鉄道」（土佐黑潮鐵道）阿佐線，不過就如同要到中村一樣，兩家鐵道公司均有直通運轉，因此，在 JR 高知站月台上也能看到土佐黑潮鐵道的列車。

相較於高知，阿佐線上的城鎮更是鄉下中的鄉下，人口不多，列車只有兩節，車廂內打造成「柚子列車」，車頂佈置著柚子果實和葉子，展現土佐南國風情。從高知到後免是 JR 土讚線的範圍，過了後免站就接入土佐黑潮鐵道阿佐線，土讚線則會往東北的方向繼續行駛到高松。

土佐黑潮鐵道阿佐線的暱稱是「後免・奈半利線」（ごめん・なはり線），堪稱是最有禮貌的一條路線，因為「後免」（ごめん）的日文發音和「對不起」（ごめん）一樣，利用這樣的諧音，還創作出一首「ごめん駅でごめん」歌，歌詞就刻成石碑放在後免站的月台上，非常有趣。

1 柳瀨嵩為後免奈半利線每座車站都設計不同卡通人物 2 車廂內打造成柚子列車 3 「ごめん駅でごめん」歌石碑

　　　　「ごめん駅でごめん」
ごめんごめんごめん　ごめん駅へ行こう
電車が着くたびに　ごめんごめんごめん
ごめん駅でみんな　ごめんごめんごめん
私もあなたも　ごめんごめんごめん
ごめんごめんごめん　言いそびれた言葉
ごめんごめんごめん　ごめん駅でごめん
ごめんごめんごめん　ごめんねごめんね
ごめんごめんごめん

　　後免・奈半利線是一條滿有特色的年輕路線，於 2002 年 7 月 1 日開業，土佐黑潮鐵道為了推廣自家鐵路，邀請麵包超人作者柳瀨嵩，為沿線每一座車站設計不同卡通人物，安芸站是「あきうたこちゃん」（安芸歌姫），前一站「球場前站」，代表角色是「ボール君」（球君），每個車站都有故事，讓這條路線除了沿途的太平洋景色外，擬人化的設定也為乘車增添不少趣味。

　　從高知搭乘快速列車，47 分鐘就能抵達安芸，一座人口不到 2 萬、緊鄰太平洋的小鎮。小歸小，不過對野球迷來說可是相當出名，因為日本職棒人氣球隊阪神虎的春訓基地就在安芸市，也因此有「球場前站」的設置，春訓期間總能看到虎迷們在此追星。

ぢばさん市場

抵達安芸後，原本要直接到和車站連結的「ぢばさん市場」借腳踏車，不過走出車站才發現開始下雨了，而且還越下越大，只好先逛市場了。

這座由安芸觀光協會成立的市場規模雖然不大，商品種類卻相當豐富，蔬果、熟食、現烤麵包、地方特產、紀念品一應俱全，還能買到阪神虎隊的周邊商品，蔬果都是當地農家寄售，物美價廉，很多蔬果都遠比台灣便宜，生意非常好，且幾乎都是當地人到此採買，利用等雨停的時間，我們很認真的逛了好幾遍，也先想好待會兒要買的東西。

逛了大約 1 個小時，雨總算有停止的跡象，於是跟結帳櫃檯的阿姨登記借車。為了推廣觀光，ぢばさん市場準備了約 20 台腳踏車，供民眾免費借用，只要填寫一些基本資料即可。

ぢばさん市場

🕐 7:00 ～ 19:30
🚫 全年無休
🚉 搭後免・奈半利線在安芸站下車
🌐 http://www.akikanko.or.jp/chokuhanjo/dibasan.html

1 2 和車站連結的ぢばさん市場 3 ぢばさん市場的免費腳踏車

野良時計

因為雨勢的關係行程有些耽擱,但遊興不受影響,跨上腳踏車,往野良時計出發。只不過一開始搞不清楚東西南北,竟騎到寧靜的住宅區,只好向路上的老太太問路,一問之下才知道完全騎錯方向,在小鎮多繞了一些路才騎到往「野良時計」的正確道路上。

原以為這裡的景點集中在鎮內,實際情況並不是如此,比想像中遠了許多,野良時計台離安芸車站已有點距離,必須經由 211 號縣道才能抵達。

不過除了怕騎錯路外,能在這裡騎腳踏車也很舒服,雨後遠處處山嵐繚繞,有山景和田野,很適合喜歡田舍風情的旅人到此慢遊。

從 211 號縣道左轉入 213 號縣道,就可以看到野良時計。這座鐘樓建於明治 20 年(1887 年),當時的大地主畠中源馬對時鐘很有興趣,從美國進口,靠著自學完成組裝。野良時計完成後矗立在平坦的田野中,是最顯著的地標,在田裡耕作的農夫只要抬頭一望,就能夠知道時間,當時算是最 fashion 的舶來品。時計台共有三面,目前還有一面能正常運作,已經被登錄為國家的有形文化財。

原本預計在安芸停留大約兩小時,不過被大雨和迷路一耽擱,參觀完野良時計後雖然還想要到彌太郎生家,不過已經差不多到了該回去搭車的時間,因為後免 · 奈半利線的班次不多,1 小時大約只有一班,但心裡總覺得這樣的停留似乎太匆促,而且下次再來不知道是何年,就決定晚點走,把握當下。

秋冬正是波斯菊的季節,野良時計前的一畝田地正好盛開,於是趨前拍照,從不同角度欣賞被波斯菊包圍的時計台美景,如果趕路匆匆離開的話,應該就會錯過這季節限定的風景。

野良時計

1 野良時計 2 野良時計與波斯菊

彌太郎生家

　　離開野良時計，沿著安芸川，往彌太郎生家的方向前進，距離安芸車站更遠了，後半段幾乎都騎在田野裡，所幸沿途都有彌太郎本尊（照片）親自站出來指示方向，不然還真不容易找到。

　　岩崎彌太郎對台灣來說應該算是比較陌生的人物，不過如果提到三菱集團，大家應該都知道。和坂本龍馬同一時代的岩崎彌太郎正是日本三菱財閥的創立者，在 NHK《龍馬傳》中，第一個出現的人物就是岩崎彌太郎（香川照之飾演），全劇也以他的視點來講述這段歷史。

　　岩崎彌太郎也是出生於土佐的下級武士之家，但家境卻是超級窮困潦倒（和經商有成家境算是相對富裕的龍馬家完全不同），每天和他的父親背著竹簍沿路叫賣，窮到連平民都瞧不起這種和浪人無異的武士，也養成他一定要出人頭天的念頭，非常積極專研學問，只要有任何翻身的機會都不會錯過。

　　歷經幕末的動盪時局到了明治維新，岩崎彌太郎在政商都經營的非常成功，成為權傾一時的紅頂商人，有「東洋海上之王」的稱號，是安芸家喻戶曉的人物，現在三菱集團的 logo 正是由岩崎家的家紋演變而來。

1 彌太郎本尊親自出來指示方向　2 3 彌太郎生家　4 少年彌太郎用石頭排成的擬日本列島圖

彌太郎生家就是他出生及小時候成長的地方，不用門票，可免費參觀。庭園中有個用石頭排成的擬日本列島圖案，據說是少年彌太郎做了一個「天下雄飛」的夢後所排成，從小就展現大志向。

彌太郎生家在當地是最知名景點，對面有間「まる弥カフェ」（maruya café），外面是一大片農田，坐下來喝杯咖啡，眼前有開闊的視野和波絲菊可以欣賞。

岩崎彌太郎生家	
🕐	8:00 ～ 17:00
¥	免費
🏠	高知縣安芸市井ノ口甲一ノ宮
🚌	從安芸站騎腳踏車約 20 分鐘
🌐	http://www.akikanko.or.jp/kanko/ yatarouseika.html

1 安芸城跡 2 土佐黑潮鐵道彩繪列車

接著該往回程走了，原以為有將來時的路線記得很清楚，沒想到還是騎錯路，趕緊折返，照原路騎比較保險。路邊有農家自種的良心蜜柑，自取並自行付費，這裡不愧是產地，好便宜，一大包只要200日圓，進口到台灣的話恐怕直接換成台幣都買不到。

途中經過安芸城跡的指標，順道繞去看看。安芸城跡如今位於一處安靜的住宅區對面，城樓早已不見蹤影，僅剩護城河和堆疊石垣、土壘尚能依稀辨識曾經不凡的過往，如今現址則做為歷史民族資料館與書道美術館。

回到安芸站，將腳踏車歸位、車鑰匙交還櫃台，還有一些時間，就在市場買午餐和土產。午餐買的是干貝飯以及份量很多的滷鰹魚，原以為會吃不完，沒想到越吃越好吃，一下子吃完。

安芸站月台停靠著一輛可愛的土佐黑潮鐵道的彩繪列車，可惜是要往奈半利方向的。回程坐在車頭位置，可以清楚看到前方景色。因為是單線行駛，所以每一區段都有行駛規範和速度限制，只見駕駛逐一對照，並落實覆誦和指差，確認號誌，相當投入做好工作。到了後免站，因為接下來將駛入 JR 系統，兩家不同公司的駕駛和車掌在此交接班，這些對台灣的鐵道來說，都是難得一見的景象。

漁師之町 土佐久礼

每次來到高知，都住在高知車站前的商務旅館。這幾天天氣都不太穩定，前一晚回到旅館後就一直盯著明天的氣象及降雨預測，往東或往西幾乎都會遇到下雨，有些苦惱。早上面對豐盛的早餐也吃得不專心，依然無法決定要到哪去，右手拿筷子，左手仍不斷滑手機查詢氣象 APP，後來發現「土佐久礼」上午的降雨機率是相對最低的，那就選這裡了，只是太過猶豫的結果，差點就沒搭到特急列車，發車前 1 分鐘才驚險趕上。

土佐久礼是一個以漁師之町聞名的小鎮，位在高知市西邊的 JR 土讚線上，從高知搭乘特急特車約 50 分鐘就能抵達，車程時間大約是前往中村的一半。

列車抵達 JR 土佐久礼站後只有我們下車，有點冷清，為了精簡人事，車站沒有配置站務人員，不過為了服務當地居民，上午委託業者在窗口售票；站內貼了張觀光地圖，用手機拍下來，等會兒就依照這張地圖來走。車站出口旁的紅色長條板凳，兩位計程車司機阿伯正坐著聊天，等候上門的乘客。

市街就從車站前延伸出去一直到港口，走了約 100 公尺，右手邊有棟消防隊，我到窗口跟值班的隊員借腳踏車。是的，

1 很迷你的 JR 土佐久礼站 2 當地最知名的久礼大正町市場

1 要在消防隊借的無料腳踏車 2 很親人的貓咪 3 行動觀光服務車及須崎市吉祥物しんじょう君 4 鰹感謝供養碑

在安芸車站向一旁的市場借腳踏車不稀奇，中土佐町準備了幾輛專供觀光客使用的腳踏車，要向消防隊借，同樣只要填寫一些基本資料就可以。這位消防弟兄約 30 來歲，穿著藍色制服、頭髮修剪得很整齊，看起來很忠厚，給人可靠的感覺，填資料時還介紹了周邊可以前往的景點。

來四國旅遊似乎騎腳踏車的機會很多，已經數不清這是第幾次了，在小鎮騎著腳踏車閒晃的確是最好的享受。在路口右轉，先經過還沒開始營業的「大正久礼市場」，直接騎到「故鄉海岸」（ふるさと海岸）看海。

停好腳踏車，準備走向沙灘，一隻貓咪直直朝我們走了過來，不但不怕生，還相當親人，躺在我的腳邊休息，任由拍照撫摸，模樣好療癒。停車場有一輛醒目的行動觀光服務車已經營業，車前插著兩支旗幟，圖樣是中土佐町隔壁「須崎市」的吉祥物「しんじょう君」，一隻表情很無辜的川瀨，在史上競爭最激烈的 2016 年日本吉祥物大賽中（共 2,000 隻參加），正是堂堂由しんじょう君拿下第一名，非常不容易，四國的吉祥物好厲害啊！

岸邊立了一塊大石頭，寫著「鰹感謝供養」，源自中土佐町自古以來以捕鰹魚為最主要經濟活動，簡單幾個字對大自然所賜與的鰹魚表達由衷感謝。這裡的漁師採用「一本釣」來捕魚，一次只能釣一隻，怎麼看都沒有效率，但這卻是與鰹魚共生共存最有智慧的方式，不竭澤而漁，讓人類和漁業資源可以永續發展，也因為用一本釣而非漁網大量捕撈的方式，使得魚隻更加鮮美。

眼前是個港口，遠處有土佐十景之一的「双名島」，左邊是觀音島，右邊是弁天島，最高處還建了燈塔，兩島有狹長的沙灘連結到陸地。傳說以前土佐久礼的人很苦惱海上的波浪，住在鬼島上一對善良的鬼父子搬了兩塊大岩石做成防波堤，很有意思也很溫馨的傳說。直到今日，大型船隻要出海作業時，會先到島上，以酒和米供奉弁才天，祈求航海安全和大豐收。

沿著防風林，慢慢騎到久礼新港，走上堤防，坐著聽海浪的聲音並欣賞港口的景色，完全沒有其他觀光客，只有幾個當地人在垂釣，超級悠閒。從坡道騎上去的話，有知名的「黑潮本陣」溫泉旅館，不住宿也可以泡溫泉。

1 故鄉海岸與双名島 2 在車站就能看到介紹双名島的立牌 3 久礼新港 4 位在半山腰的黑潮本陣

風工房

隨後來到開在港口邊的「風工房」，是當地很有名的甜點店，由地方上種植草莓的農家主婦所經營，一樓的冰櫃擺滿各種口味的蛋糕，供客人外帶，二樓有座位可以內用。

這時不是草莓產季，我們點了生薑和香蕉巧克力蛋糕捲，生薑也是當地特產之一，加入蛋糕風味還滿特別的，建議可以點來試試。二樓整片面海落地窗視野良好，可以看到海岸和双名島，上午沒有其他客人，幸運地獨享了整層空間。

1 生薑蛋糕捲 2 二樓整片面海落地窗視野良好，可以看到海岸和双名島 3 風工房二樓

風工房

🕐 10:00 ～ 17:00
🌐 https://kaze-sweets.com/

久礼大正町市場

故鄉海岸的停車場正對著「久礼八幡宮」，有悠久的歷史，是當地漁師的守護神，每年在秋季舉行的久礼八幡宮大祭，是土佐三大祭典之一。附近的久礼大正町市場是最能吸引觀光客的地方，尤其中午過後，新鮮現捕的漁獲陸續送到市場，是最熱鬧的時刻，常有住在其他地方的民眾特地開車來採買。

市場並不大，一下子就走完，我們跟一位賣塩番薯條的阿伯聊了起來，並詢問午餐地點，他手指向前方推薦：「前面這家浜ちゃん 最好吃。」

阿伯推薦的「浜ちゃん」（阿濱）就位在市場的正中間，以販售海鮮定食和丼飯為主，來到鰹之國，當然是要點鰹魚燒定食了，昨晚在明神丸吃過還意猶未盡呢。在鰹魚最近的產地，鮮度自然不在話下，搭配自製的醬汁，風味絕佳，是當地的人氣店家。

吃到一半，上方突然傳出霹靂啪啦的聲響，連店內阿姨都走出察看，原來外面正下起傾盆大雨，土佐久礼終究還是躲不過雷雨胞的襲擊，激烈的雨勢打在商店街的屋頂。吃完午餐後也只能在市場內走來走去，走到幾乎每一攤都認識我們了。

大雨持續了好一段時間都沒有停，決定到對面雜貨店買把雨傘，但果真是莫非定律，買完雨傘後，雨勢開始轉小。我們一手撐傘一手牽車先走回消防隊放腳踏車，歸還鑰匙時，窗口已經換人，剛剛的隊員在一旁休息，我對他說了聲謝謝，他用靦腆的笑容回應。

在漁師之町逗貓、看海、嚐甜點、吃鰹魚、發呆等雨……，遠離喧囂的都會區，自在地晃遊了一個上午，是我很喜歡的一趟四國小鎮旅行。

1 久礼八幡宮 2 久礼大正町市場 3 浜ちゃん 4 浜ちゃん鰹魚燒定食

久礼大正町市場

- 🕐 10:00 ～ 15:00
- ⊗ 星期三
- 🏛 高知縣中土佐町久礼大正町
- 🚃 JR 土佐久礼站下車徒步約 7 分鐘
- 🌐 https:// 久礼大正町市場 .com

高知城

南海名城 高知城

從小鎮搭特急列車回到 JR 高知站，走出車站，前面的路面電車難得同時停靠兩輛電車，其中 2 號月台正是往「縣廳前」的電車，可以不用換車就到「高知城前」，總算是讓我遇到了。不過走近列車準備上車時，當班的女駕駛好意提醒這班車還要等 40 分鐘才會發車，建議改搭第一月台的電車，看來還是得乖乖搭到播磨屋橋轉車。從播磨屋橋再往西搭 3 站，到高知城前站下車，大約步行 3 ～ 5 分鐘，就能抵達高知城的範圍。

廣場旁有個小小的「高知城觀光案內所」，向裡面的志工索取一張地圖，老伯伯指著地圖，介紹如何來逛高知城。登城一般來說都需要一點腿力，觀光案內所很貼心的準備了免費置物箱，我們將非必要的東西先放好，輕鬆的來登城。

1 凸出的石坂有助於排水　2 山內一豐之妻像　3 三之丸石垣由近江的專家所打造，品質一流　4 高知城的防禦工事

　　高知城由土佐 24 萬石的藩主山內一豐在西元 1601 年動工興建，歷時兩年完成本丸及二之丸等初步工程後，山內一豐即入城居住。高知城共歷經 16 代土佐藩主，直到幕末明治 2 年（1869 年）結束。

　　在日本眾多古城中，高知城是現存 12 天守其中之一，400 多年來歷經眾多自然災害、明治維新全國廢城的浪潮、太平洋戰爭空襲，依然保存良好，有「南海道第一名城」的美譽，位在市區居高臨下，優美的建築，是高知的地標與象徵。

　　步上最初石階，抬頭一望，可以看見一凸出石坂，稱之為「石樋」，主要目的是因應高知多雨的氣候，利用石樋可將雨水從三個方向平均排出，很有巧思的設計。接著看見的銅像是山內一豐的妻子，17 歲時即嫁給藩主，她身旁的駿馬是結婚時以 10 兩的大錢所買下。

　　一豐之妻銅像旁是最外圍三之丸的石垣，三之丸石垣高約 13 公尺，面積達 4,641 平方公尺，是歷時 10 年才完成的最後工事，由近江（滋賀縣）的專家所打造的石垣工程品質一流，特殊的工法，曾安然渡過 1946 年發生的昭和南海地震（芮氏 8.0），沒有太大損壞。

　　登城之旅走到一半，原本陰暗的天色終究還是hold不住，開始下起雨來，只好先在城門前的空間躲雨，數分鐘後，雨勢轉小，繼續往二之丸及本丸前進。

　　高知城唯一要收費的地方是天守。從外面看起來三層的構造，內部實際有六層，陡峭的樓梯，上下各層都必須小心翼翼。來到最頂層，視野極佳，整個高知市盡在眼下，果然是最能展現領主權威的城池內象徵性建築物。

1 高知城天守內一景 2 從高知城天守眺望景色
3 天守閣內展示的模型
4 高知城護城河

高知城（天守）

🕐 9:00 ～ 17:00
🈺 年末年始（12/26 ～ 1/1）
💴 420 日圓（18 歲以下免費），持 My 遊バス乘車券 340 日圓
🏛 高知市丸ノ一丁目 2 番 1 號
🚌 土佐電「高知城前」下車徒步 5 分鐘
🌐 http://kochipark.jp/kochijyo/

日曜市

　來到高知市，不愁沒有逛街的地方，因為有著連綿不絕的商店街，不過要比起魅力，可就都遠遠不及每週日限定的「日曜市」了。這個高知規模最大的市集，地點就位在土佐電蓮池町通站旁的「追手筋」，約 400 個攤位一大清早就開始營業，從路口一路延伸到高知城下，全長 1,300 公尺、超過 400 個攤位，逛到腳酸都逛不完。許多農家一早載著自家栽培的新鮮農作物前來販售，除了既新鮮又便宜的蔬果，各式各樣的物品也都能在此買到。我大約只逛了 2/3，就發現手上提的東西似乎越來越多，趕緊進到高知城下的「高知城歷史博物館」，以免荷包繼續失守。

　據說日曜市從元祿 3 年（1690 年）就開始，至今已有 300 多年歷史，來逛的除了觀光客，市內的婆婆媽媽也都會把握機會來採購，是感受當地生活的好場所。如果來高知市旅遊又正好遇到星期日的話，非常推薦一定一定要來日曜市走走。

日曜市

順道一遊

搭渡輪前往和歌山

從近畿地區往來德島，渡輪是最實惠的方式。

在四國的行程，最後一天要從德島移動到關西空港、搭機回國。上午退房前再次到阿波舞會館及一旁的「天神社」，作為離開四國前的最後巡禮。隨後搭乘旅館提供的免費送迎巴士來到 JR 德島站，並在站前的公車站 6 號月台搭 10:15 出發的德島市營公車，大約 20 分鐘後抵達德島港，有了前幾次遇到公車誤點的情況，時間不敢抓太緊，以免錯過 11:00 的船班，尤其這一天又下著大雨。

這班公車的終點站就是德島港，到站後隨即在櫃台購買「好きっぷ」，每人只要 2,200 日圓，包含德島港到和歌山港間的船票、南海電鐵從和歌山港往關西空港的單程電車車票，利用南海自家經營的交通工具，提供旅客完整的服務（total solution），剛剛在 JR 德島站的 WARP 詢問，結果並沒有販售這張船票，畢竟是不同企業啊。

德島港售票窗口右前方有個小小的土產販賣店，需要四國土產的話可以在這裡做最後衝刺。二樓是候船室，已有不少人在等候，其中也有幾位穿著白衣的遍路者，目的地應該就是高野山了。10:50 開放乘客上船，我們找了個家庭席坐下。

船隻噸位比前往直島的渡輪還大，有一整區的通舖，也有一般座位，還有綠色（商務）席，船內設有販賣店，幾台遊戲機、自動販賣機，並提供免費 wi-fi，搭乘起來不會太無聊。

這是一條許多日本旅客利用的航路，每天雙向各 8 個航班往返德島港與和歌山港之間，除了最晚的航班，幾乎都和鐵道發車時刻精確的搭配，可以順利銜接前往和歌山市及關西空港。

航行時間 2 個小時，有時上上網，有時在船內、甲板走走逛逛，感覺時間一下就過去了，且比起搭乘高速巴士，活動空間更大，不必一直受限於小小的座位上。

即將抵達和歌山港之際，船艙內響起廣播，告訴大家快要靠岸了，

隨即播放專屬主題曲「海のむこうに」（在海的那邊），滿好聽的旋律，帶點淡淡的憂傷。

下船後順著漫長的通道，走到南海「和歌山港站」搭乘只行駛一站的電車，抵達較熱鬧的「和歌山市站」，轉搭特急「サザン」（Southern），這是之前到關西旅遊時經常會搭到的電車，抵達「泉佐野站」後，還要再轉乘一次，看似有些麻煩，不過貼心的日本人早就幫你規劃好了，下車在同一個月台就可以搭上往關西空港的電車，時間計算得剛剛好。

利用南海 Ferry 往來關西地區和德島，時間上雖然長了一些，但價格優勢明顯，且可以體驗搭船的樂趣，船上的空間也較無拘束，也是一項很好的選擇。

南海フェリー

✈ https://nankai-ferry.co.jp/

1 渡輪內的座位區 2 船上設施 3 下船要經由天橋轉搭電車 4 南海和歌山市站

世界遺產
高野山

天空聖地

弘法大師的三大靈場是四國遍路第七十五番礼所「善通寺」、京都的「東寺」，還有和歌山的「高野山」，其中高野山奧之院更是大師入定之地，許多遍路者完成八十八所巡禮結願後，會特地從四國渡海來到和歌山，再前往世界文化遺產高野山向大師報平安，感謝一路上的庇佑。

即便不是遍路者，也非常推薦來一趟高野山之旅，1200 年前由弘法大師開創，位於標高 900 公尺山上的盆地，又有「天空の聖地」稱號，每年都能吸引數以百萬計的參拜者或觀光客，因此交通也規劃得相當完善，從大阪的難波出發的話，搭乘南海電鐵高野線快速急行到「極樂橋站」，再轉搭高野山ケーブル（cable）鋼索，只需一次轉乘即可抵達高野山。

cable 鋼索發車時間和電車是互相搭配的，車廂內載著滿滿乘客，緩緩往高野山前進，有世界遺產名號的加持果然吸引力也會大增。這類纜車在日本很常見，是觀光景點常用的運輸工具，優點是適合需大坡度爬升的地形，載客量也比吊掛在空中的纜車大上許多。

1 在極樂橋站搭纜車鋼索往高野山 2 抵達高野山站
3 高野山站 4 搭乘公車前往奧之院

約 5 分鐘的車程就抵達高野山站，高度也快速拉升到海拔 867 公尺，這時還要再換第三種交通工具：公車。站牌就在車站左前方，在 2 號往奧之院的月台搭車。

公車行走在曲折的山路緩緩爬升，在車上可以看出高野山的範圍很大，沿路有眾多佛寺，儼然一處宗教聖地，可以安排兩天一夜的旅程，山上共有 52 間寺院提供民眾掛單住宿（日本稱為「宿坊」）的體驗，是都會人在週五下班後，即可前來參加的行程，品嚐無肉的精進料理、跟著僧侶誦經禮拜，暫時遠離俗世的塵囂。

南無大師遍照金剛

我們搭到奧之院下車，展開高野山之旅。公車下車處前方參道入口景色瞬間吸引目光，有白色、粉紅兩種色彩的幾株櫻花正滿開綻放，微風吹撫，花瓣即隨著風勢漫天飛舞，美極了！其實到訪時已是春天的尾聲，在大阪、京都早已過了賞花期，這裡因為海拔較高的關係，所以得以捕捉到春天最後的美景，也忘了剛才多次轉乘的舟車勞頓。

長長參道兩旁是信徒供奉的燈籠，人潮不少，我們先到案內所拿些資訊，隨即開始參拜旅程。高野山以可愛的卡通人物造型打造出高野君（こうやくん），並發展眾多週邊商品，在案內所就可以買到。

這裡同時也是一處靈場，眼前逐漸出現許多看來相當特別的供養塔，五層各不同形狀的造型，分別代表空、風、火、水、地，其實就是取端坐菩薩的意象，還有眾多歷史名人的墓石和慰靈碑，包含豐臣秀吉、織田信長、上杉謙信等戰國武將。沿途杉木參天，陽光落錯灑入其間帶著金色光輝，並不會讓人感到陰森，反而有種「空靈」的感覺。

走過英靈殿前，看到一對穿著白衣的年輕人，頭戴斗笠、手拿著金鋼杖，沿途陸續遇到遍路者裝扮的人，想必都是完成四國八十八所靈場巡禮，來跟弘法大師報告。

高野山是弘法大師在弘仁 7 年（816年）時得到嵯峨天皇的允許所開創的，到了 2015 年屆滿 1200 年，這一年也舉辦了眾多的紀念活動。

1 奧之院參道入口 2 奧之院參道 3 到高野山遍路者 4 前往沿途杉木參天，陽光落錯

1 水向地藏 2 一之橋 3 一之橋觀光中心 4 清淨心院

　　前往奧之院途中有處茶所：頌德殿，是在 1915 年高野山開創 1,100 年紀念時所建立，附近有一排水向地藏位在清澈的玉川旁，可祈求保佑不同事物，只見大家拿起水瓢，往菩薩身上淋水、祈福。

　　往前方行走，就是「御廟橋」，橋邊豎立告示，過了這裡，禁止飲食、喧嘩、拍照，會有這麼嚴格的規定是因為裡面為弘法大師入定的御廟，如同一處聖地，如何能不恭敬虔誠。弘法大師御廟非常莊嚴，旅客誠心參拜，清煙裊裊，檀香在室內繚繞，讓人將心情沉澱下來，中堂傳出僧侶的誦經聲，我們找個地方跪坐聆聽，雖然完全聽不懂，卻也讓人心情無比平靜。

　　走回原路，經過水向地藏，走進茶所稍歇。茶所後方廚房煮著三大爐茶水，可自行取用，這裡的茶非常好喝，很推薦一定要進來喝杯茶再離開。

　　回程走往一之橋，其實真正參拜要從一之橋出發，走到奧之院，是最正式的走法，這段 2 公里的路程也是高野山的菁華。在一之橋附近的清淨心院再次見到櫻花盛開的景象，令人驚喜，讓這趟高野山之行不論在心靈上或感官上都有最佳的體驗。

貴志川線 找貓站長

貓站長的由來

來到了和歌山，就不能錯過這條因為貓站長而聞名於世的鐵道「貴志川線」。

這條路線連接和歌山市與紀之川市的貴志站，全長 14.3 公里，原先因為人口流失而虧損累累，負責經營的和歌山電鐵為了扭轉局面，找來日本最有名的列車及車站設計師水戶岡銳治，以當地農特產草莓為主軸，設計了一款「草莓電車」（いちご電車），大受歡迎，成功打響了第一砲。

貴志川線在 2007 年 1 月 5 日更是寫下一個創舉，任命一隻貓咪「小玉」（たま）擔任貴志站的站長，也開始了歷久不衰的小玉站長風潮。小玉的任期為無期限制，採終身雇用，年薪則是一年份的貓糧。和歌山電鐵由貓咪擔任站長的舉動也開了日本民營鐵道的先例。

貴志車站外觀完全以貓臉來打造

1 車廂內的燈也是小玉的造型　2 前往貴志川線月台前的樓梯兩旁滿是小玉的海報
3 小玉電車由大師水戶岡銳治操刀設計　4 小玉電車內充滿小玉的意象

　　小玉上任後立刻收到成效，2007年日本黃金周期間，草莓電車與貓站長小玉聯手，讓和歌山電鐵較去年同期增加 40% 的收入。有學者統計小玉就任一年以來，和歌山縣觀光客增加所帶來的經濟效果達 11 億日幣，小玉名符其實成了一隻招財貓，和歌山電鐵於是再給予小玉「超級站長」、「和歌山電鐵代理社長」的職銜，和歌山縣也冊封小玉「和歌山縣功爵」及「和歌山縣觀光大明神」。

　　和歌山電鐵公司再接再厲，請水戶岡銳治再設計「玩具電車」（おもちゃ電車），2009 年 3 月再推出最轟動的「小玉電車」（たま電車），隔年 8 月，以貓臉設計的「貴志站」新車站落成，將小玉熱潮推到最高點。後來小玉年紀漸長，於 2015 年 6 月 22 日因急性心律不全死去，享年 16 歲，和歌山電鐵追贈小玉「名譽永久站長」的稱號，現在由二代玉接手貓站長的職務，新進站長四代玉則接替二代玉，在伊太祈站賣萌服務。

從 JR 和歌山站出發找貓站長

貴志川線的起點和歌山站位於 JR 和歌山站內 9 號月台，從 JR 下車走地下通道順著貓的腳印（貼紙），就可以連接走到 9 號月台，樓梯兩側許多文宣、海報都有 Q 版小玉的身影。

如果要探訪二代玉站長，必須搭到最後一站：貴志站，來回車資是 820 日圓，不過一日券只要 800 日圓，所以大家應該都不會錯過這張優惠票。一日券是紙票形式，車站人員會將今天日期的鋁箔刮掉，以標示使用期限。造訪當天月台上停靠的正是最受歡迎的「小玉電車」，以白色為基底，車身共有 101 隻小玉各

種不同姿勢的卡通圖樣，或躺或坐，每一隻都很可愛，第一眼就讓人感到驚喜。

但如果以為只有在車廂外觀做做樣子那就大錯特錯了，小玉電車內裝更是精彩，包括座位、窗簾、燈飾、車廂廣告，每一樣都有小玉的身影，還有一個大型木製書櫃，放著各式童書、漫畫供旅客閱讀，更厲害的是還擺了一張嬰兒床，讓家長可以安心將小朋友放在裡面玩耍。除了當地人外，每個上車的旅客莫不一直拍照，只能讚嘆日本人做行銷也真的太強了。

1 車身共有 101 隻小玉各種不同姿勢的圖樣 2 現任超級站長二代玉 3 正在睡覺的小玉站長
4 戴著站長帽子值勤中的小玉照片

從和歌山到貓站長執行勤務的貴志站行車時間32分鐘，沿途多是綠意盎然的鄉村景色，加上車廂內精彩無比的裝置，感覺一下子就抵達終點站。我前往的時候還是小玉值勤，二代玉尚在伊太祈曾站見習培訓，當時因小玉年事已高，無法再像以前一樣讓她自由在車站內活動值勤，站方因此特地做了一個空間做為站長室，讓旅客可以透過玻璃觀賞貓站長。當天小玉奶奶正睡得香甜，拍照OK，但一定要關閉閃光燈，以免傷害貓咪的眼睛。

車站內附設咖啡店，販賣利用當地農產食材做成的甜點，也展示小玉擔任站長所使用的一些物品與被表彰的獎狀證書。車站另一側是販賣店，依小玉的意象所開發出來的商品不下百種，由於商品實在是太萌了，銷售情況生意非常好。

貴志車站外觀更是特別，走遠一點就可以看出是一張貓的臉，完全是依小玉量身打造，許多細節都有隱藏貓咪的身影，例如橫樑上就有貓的影子，掛勾也是貓的形狀，非常有巧思，只要仔細找就會發現設計者的玩心。光是貓站長這個賣點，就值得特地前來體驗一次貴志川線。

超級站長二代玉勤務時間

🕐 10:00～16:00
🚫 星期三、星期四
🚉 和歌山電鐵貴志站
🔗 http://www.wakayama-dentetsu.co.jp/ta/

1 小玉電車車廂 2 貴志川線一日乘車券 3 表彰小玉的獎狀 4 車站內的販賣店有眾多小玉紀念商品

岡山後樂園寬闊的草坪展現開闊之姿

岡山後樂園

前往四國的行程如果是搭鐵道由岡山進出，不妨在這個中國地區第一大城多停留一夜。這個岡山沒有羊肉，而是以日本童話故事桃太郎的故鄉而聞名。站前有一座桃太郎人物的雕像，是著名的地標，站前的大道也以「桃太郎大通」命名。

和四國各大城市一樣，岡山市內也是以路面電車為公共運輸主軸，由「岡山電氣軌道株式會社」經營，有「東山線」及「清輝橋」兩條路線，均從 JR 岡山站出發，約 5 分鐘以內的搭乘距離是 120 日圓均一價，超出則是 140 日圓，車資相當便宜。離岡山後樂園最近的「城下」電停（車站）在 120 日圓均一的範圍內。

不到 5 分鐘車程就抵達城下，後樂園和岡山城分別位於旭川兩側，是岡山最著名的兩個景點，要到後樂園的話，要先直走，然後左轉城下筋，經過鶴見橋，就可以抵達有日本三名園之一美譽的後樂園，從電停步行過來大約 10 分鐘。

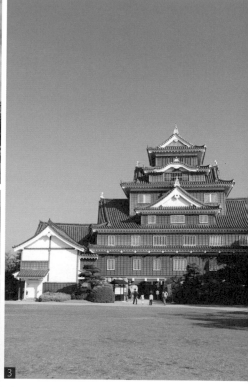

1 JR 岡山車站前的桃太郎雕像是當地最著名的地標 2 岡山市的路面電車 3 別名金烏城的岡山城位在後樂園旁 4 岡山後樂園的銀杏樹 5 岡山後樂園是中國地區的紅葉名所

後樂園是日本三大名園之一，和四國的栗林公園一樣，同樣被米其林評為 3 顆星的景點，也是岡山的象徵。岡山後樂園已有超過 300 年的歷史，由津田永忠承岡山藩主池田綱正之命，於西元 1687 年開始興建，1700 年落成，歷時 13 年，因為位在岡山城後方，所以被稱為後園，後來取范仲淹「先憂後樂」之意，才改為今名。

300 多年來曾經依籓主喜好做了一些變更，但基本上仍維持江戶時代的風貌，沒有太大變化，園內還留有許多池田家的文物和紀錄。後樂園佔地相當大，正中央是「澤之池」（沢の池），池中點綴幾座小島，搭配池塘、假山、茶亭、梅林……等匠心獨具的設計，開放性寬闊草坪佔總面積約 14%，藉由平坦的草皮，展現出園內開闊之姿，山水造景就更能凸顯出來，展現庭園之美。

草皮另一方，別名金烏城的岡山城，屹立旭川的另一側，昂然睥睨城下一切事物。後樂園還是岡山市內的紅葉名所，也廣植各類花卉植物，有梅花、櫻花、菖浦、杜鵑、荷花……，甚至還有一片稻田，四季來都能看到不同風貌。

位在園內南邊中心點的「唯心山」假山，正前方就是澤之池，雖只有幾級階梯就能登頂，亦足以將平坦的後樂園全景盡收眼底，是來到後樂園一定不要錯過的地方。

岡山後樂園

- ¥ 400 日圓（高中以下免費）
- ⏰ 7:30 ～ 18:00（10 月 1 日～ 3 月 19 日 8:00 ～ 17:00）
- 休 年中無休
- 📍 岡山市北區後樂園 1-5
- 🚃 JR 岡山站搭路面電車，「城下」下車後步行 10 分鐘
- 🌐 http://okayama-korakuen.jp/

1 澤之池 2 澤之池中點綴幾座小島 3 茶園 4 後樂園內廣植各類花卉

美觀地區有眾多白色建築，因此又稱為白壁之町

倉敷美觀地區

如果上午安排岡山後樂園的行程，午後很推薦來倉敷美觀地區走走。倉敷位於岡山的西邊約 16 公里處，從 JR 岡山站搭普通車大約僅需 17 分鐘就可以抵達。

在 JR 倉敷站拿了觀光案內圖，從南口出站後便按圖索驥的朝目的地前進。

車站前的「惠比壽商店街」（えびす商店街）略顯狹窄，逛街的人大多是當地人，走到盡頭，視野倏然一變，這條商店街猶如時光隧道般的，小河、垂柳、一棟棟原本都是倉庫及商家古意盎然的老建築，讓時光彷彿凝結在 350 多年前，這裡即是名聞遐邇、也的確是名符其實的「美觀地區」。

倉敷在江戶時代由於是德川幕府的領地，加上倉敷川是米和棉花的集散地，當時的繁榮景象，從這些保存至今的建築可以想像得到。這些珍貴的文化資產，也讓人不用搭乘時光機，在此就能體會到真正江戶時代的日本。

一位志工伯伯看到我們一副觀光客的模樣，即熱心介紹：「後面是大原美術館，來，先幫你們拍一張照片，然後可以順著河邊走……」，我想，大概就是這些深刻的文化資產，讓這裡的人們可以有自信的態度，介紹這些值得驕傲的一景一物。

在這裡可以信步沿著倉敷川閑走，也有遊客在船夫的帶領下，乘著小木舟以不同的視野欣賞倉敷川兩旁的美麗景致。大原美術館是這裡最醒目的建築，由當地實業家大原孫三郎創立，是日本第一座西洋美術館，收藏展示眾多西洋、日本美術及兒島虎次郎的作品。

隨興選了條小徑，不經意地走到「Ivy Square」。這裡百餘年前原是紡織廠，如今因周圍的紅磚爬滿了常春藤而得名，並改成「倉紡紀念館」，廣場內還有藝品店、餐廳、旅館，是舊歷史建物重生的好範例。

1 從岡山車站搭乘 JR 普通車 17 分鐘就能抵達倉敷 **2** 美觀地區傳統建築保存完整 **3** 倉敷川兩旁垂柳，依然保有江戶時代的風情 **4** 位在美觀地區中心位置的倉敷館觀光案內所，以前曾是町役場

倉敷還有文具迷必訪的林原十郎商店，也就是發展出「倉敷意匠」這款紙膠帶的創始店，店內除了文具，還有許多優質的生活用品、咖啡、餐飲，是很好消磨時間的地方。

倉敷美觀地區

ttps://www.kurashiki-tabi.jp/

1 許多觀光客在船夫的帶領下，乘著小木舟欣賞倉敷川兩旁的景致 **2**「Ivy Square」百餘年前原是紡織廠 **3** 大原美術館是日本第一座西洋美術館 **4** 文具迷必訪的林原十郎商店

1 倉敷車站北口三角形屋頂及紅磚建築，帶有童話色彩 2 Ario 倉敷
3 Ario 倉敷是個中型 shopping mal

倉敷車站北口買不完

遊覽完美觀地區先別急著就搭車離開，從 JR 倉敷站北口出站後還有一處離開日本回國前採買的好地方。

倉敷車站北口採三角形屋頂及紅磚建築，帶點童話色彩，猜想應該與當時前方的 Tivoli Park 有關。成立於 1997 年的 Tivoli Park 是日本少見的丹麥主題樂園，開園前 2 年，都能吸引近 300 萬人次的遊客，但後來好景不常，入園人數節節衰退，最後終於不敵景氣，在 2008 年結束營業，如今改由伊藤洋華堂（日本 7-ELEVEN 母公司）和三井不動產共同開發，成為現在的模樣。

離車站較近的 Ario 倉敷是個綜合賣場，從 JR 倉敷車站利用連通道走過來，可以直接通往二樓，有美食街和許多商店，核心商店是在一樓的超市「天滿屋 Happy's」，是當地民眾經常前往採買食物和日用品的場所。

1 **2** **3** 倉敷三井 OUTLET PARK　**4** 倉敷三井 OUTLET PARK 室外公共空間綠化做得很好，像座公園

　　緊鄰 Ario 倉敷則是「倉敷三井 OUTLET PARK」，和 Ario 間有通道聯結。倉敷三井 OUTLET PARK 樹木參天，公共空間綠化做得很好，就像座公園，也許這樣舒適的環境讓消費者沒有壓力、可以買更多吧。

　　低密度開發的兩層樓賣場，匯集 CITIZEN、SEIKO、MICHAEL KORS、運動休閒和精品等超過 100 個品牌，都可以用比一般門市更低的價錢買到商品。位在一樓的 LUPICIA Bon Marche，是在日本各大百貨公司都有設櫃的茶葉品牌，來到這裡可以買到超值的 Lupicia 茶葉，送禮自用都很適合。

‖ Ario 倉敷 ‖

🕐 10:00 ～ 21:00（1 樓餐廳 11:00 ～ 22:00）
🏢 岡山縣倉敷市壽町 12 番 2 號
🚌 JR 倉敷站下車、北口出站徒步 30 秒
🌐 https://kurashiki.ario.jp/

‖ 三井 OUTLET PARK 倉敷 ‖

🕐 10:00 ～ 20:00（不定休）
🏢 岡山縣倉敷市壽町 12 番 3 號
🚌 JR 倉敷站下車、北口出站徒步 3 分鐘
🌐 https://mitsui-shopping-park.com/mop/kurashiki/

四國，深度休日提案：一張 JR PASS 玩到底！香川、愛媛、高知、德島，行程╳交通╳景點，最全面的自助攻略！暢銷最新版

作者	Aska
責任編輯	李素卿
版面編排	江麗姿
封面設計	走路花工作室
資深行銷	楊惠潔
行銷專員	辛政遠
通路經理	吳文龍
總編輯	姚蜀芸
副社長	黃錫鉉
總經理	吳濱伶
發行人	何飛鵬
出版	創意市集 Inno-Fair 城邦文化事業股份有限公司
發行	英屬蓋曼群島商家庭傳媒股份有限公司 城邦分公司 115 台北市南港區昆陽街 16 號 8 樓

城邦讀書花園　http://www.cite.com.tw
客戶服務信箱　service@readingclub.com.tw
客戶服務專線　02-25007718、02-25007719
24 小時傳真　02-25001990、02-25001991
服務時間　週一至週五 9:30-12:00，13:30-17:00
劃撥帳號　19863813　　戶名：書虫股份有限公司
實體展售書店　115 台北市南港區昆陽街 16 號 5 樓
※ 如有缺頁、破損，或需大量購書，都請與客服聯繫

香港發行所　城邦（香港）出版集團有限公司
　　　　　　香港九龍土瓜灣土瓜灣道 86 號
　　　　　　順聯工業大廈 6 樓 A 室
　　　　　　電話：(852) 25086231
　　　　　　傳真：(852) 25789337
　　　　　　E-mail：hkcite@biznetvigator.com

馬新發行所　城邦（馬新）出版集團 Cite (M) Sdn Bhd
　　　　　　41, Jalan Radin Anum, Bandar Baru Sri Petaling,
　　　　　　57000 Kuala Lumpur, Malaysia.
　　　　　　電話：(603)90563833
　　　　　　傳真：(603)90576622
　　　　　　Email：services@cite.my

製版印刷　凱林彩印股份有限公司
初版 1 刷　2023 年 2 月
初版 4 刷　2024 年 7 月
ISBN9786267149546／定價　新台幣 420 元

※ 廠商合作、作者投稿、讀者意見回饋，請至：
創意市集粉專 https://www.facebook.com/innofair
創意市集信箱 ifbook@hmg.com.tw

國家圖書館出版品預行編目資料

四國，深度休日提案：一張 JR PASS 玩到底！香川、愛媛、高知、德島，行程╳交通╳景點，最全面的自助攻略！暢銷最新版 / Aska 著；-- 初版 -- 臺北市；創意市集・城邦文化出版／英屬蓋曼群島商家庭傳媒股份有限公司城邦分公司發行，2024.07
　面；公分
ISBN 978-626-7149-54-6（平裝）
1.CST: 旅遊 2.CST: 日本四國

731.7709　　　　　　　　　　　111020697